文武両道名将の書簡集

『太田道灌状』を読み解く

足跡をたどりその志操に迫る

尾崎 孝

MPミヤオビパブリッシング

はしがき

『太田道灌状』の時代

「享徳の乱」勃発

一四四九年（宝徳一年）関東では、足利成氏《しげうじ》が第五代鎌倉公方に就任し、今風に言えば室町幕府の関東本社とでもいうべき鎌倉府が再興されました。そして関東管領には上杉憲忠《のりただ》がつきました。しかしすぐに、幕府からの独立志向の強い成氏派と幕府直属の憲忠派の対立がはじまりました。

一四五四年（享徳三年）十二月二十七日、足利成氏は上杉憲忠を鎌倉西御門《にしみかど》の邸に招いて謀殺し、「享徳《きょうとく》の乱」すなわち関東での東西戦争がはじまりました。

「天子の御旗」に抵抗する古河公方

翌年（康生一年）四月、御花園天皇より足利成氏追討の「関東御退治の綸旨《りんじ》」と「天子の御旗」が関東管領上杉房顕に下賜され、成氏は朝敵となりました。同年六月、足利成氏は幕府軍に攻められて古河城（古河市）へ逃げ、古河公方となりました。

その後一四五七年（長禄一年）に室町幕府の意向により、室町将軍足利義政の庶兄政知が関東公方として、伊豆の堀越（伊豆の国市）に入り堀越公方となったものの、その力は限定的でありました。

太田道灌が生きた中世の関東は、朝廷・室町幕府配下の上杉氏とそれに対抗する古河公方という二つの権力の東西戦争の時代でありました。

五十子陣城

この頃より上杉方は、古河公方に対抗して五十子《いかっこ》陣城（本庄市）を構え、山内、扇谷、越後の三上杉家に加え上野《こうずけ》の岩松家の軍勢も結集しました。対抗する古河公方軍もまた関東八家を率いて対岸に押し寄せました。二つの軍勢の狭間を流れる利根川は、当時冬場は、徒《かち》わたりできるくらいの水勢であったので、ここを舞台にして五十子合戦や「長尾景春の乱」が起こりました。

太田道灌と長尾景春

関東管領上杉顕定のもと上杉軍団の司令官として鬼人のごとく奮戦したのが太田道灌で、古河公方と連携して武蔵と上野《こうずけ》を疾風のごとく戦い抜けたのが長尾景春でした。

『太田道灌状』の記述内容は、このあたりから始まります。『太田道灌状』には、「享徳の乱」の仕切り人ともいえる五人の実力者がことごとく登場して活躍します。

すなわち扇谷上杉家家宰（筆頭家老）の太田道灌、
下剋上を試みた、山内上杉家の家宰長尾景信の嫡男長尾景春、
朝敵となった古河公方足利成氏、
越後出身の関東管領上杉顕定、
そして室町幕府第八代将軍の足利義政です。
足利義政は、その権威を「天子の御旗」という別名を借りて『太田道灌状』に十回も登場します。当時天皇へ綸旨の下賜を申請できたのは、室町将軍の足利義政だけでした。

都鄙の和睦

『太田道灌状』が提出されたとされている一四八〇年（文明十二年）の二年後、一四八二年（文明十四年）古河公方と越後守護上杉房定（顕定の実父）の立ち回りにより、足利義政は御内書をくだし、「享徳の乱」は終息し「都鄙《とひ》（京都・関東）の和睦《わぼく》」が実現しました。堀越公方には、伊豆一国のみが安堵されました。『太田道灌状』は、「享徳の乱」という二十八年間にわたる関東の大乱の真っただ中を駆け抜けた、武将太田道灌の証言集です。

関八州古城図

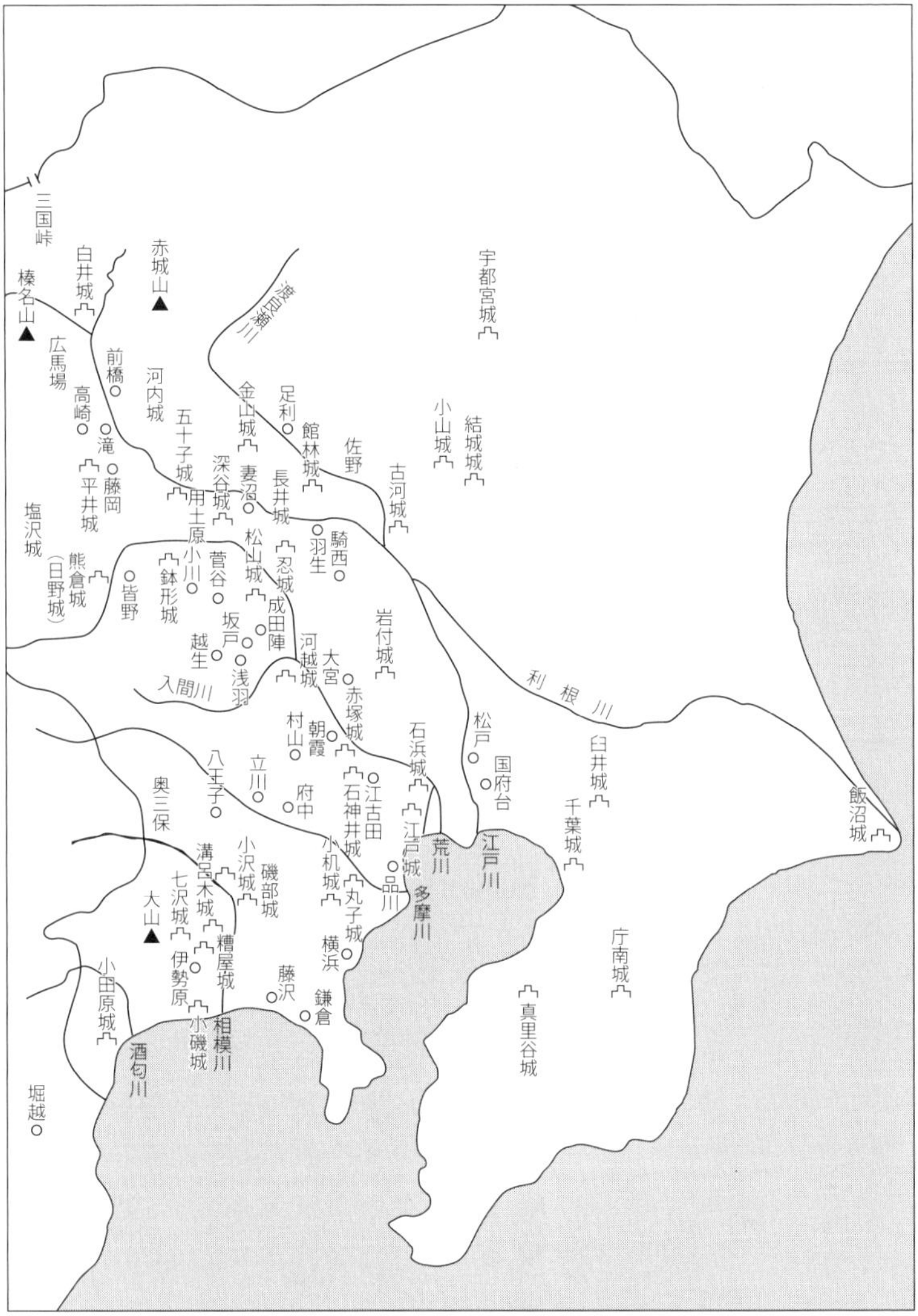

（勝守すみ著『太田道灌』〔人物往来社〕の図を補訂）

目次

序段

写本

『太田道灌状』の原本は発見されていません。現在、ほぼ全文が翻刻《ほんこく》されている『太田道灌状』は、松平本系統の三本と国学院本という二つの写本系統にあります。

1・松平（文庫）本

この写本は、肥前の島原藩主松平忠和の家に伝わっていました。島原藩松平家は、一六八六年（貞享三年）岩槻藩主として入封した松平忠周《ただちか》の流れをくんでいます。『太田道灌状』の松平本は、島原公民館図書部にあります。

2・史料本

東京大学資料編纂所の久米邦武氏が、一八八七年（明治二十年）肥前国高来郡役所に託し、島原藩主松平忠和家の蔵本を書写させました。この写本は、史料本と称せられ、東京大学史料編纂所にあります。

3・尊経閣文庫本

尊経閣文庫は、東京都目黒区駒場にあります。この写本は、加賀前田家の膨大な文書の中にあり、尊経閣文庫本と称せられ、松平本とほぼ同じ内容です。

4・国学院本

もう一本は国学院大学図書館にあります。国学院本は、八代国治氏が近年に入手したもので伝来関係は不詳です。

松平本系は分量が多いものの近世の写本とされ、国学院本はやや分量が少ないものの中世の写本とされています。

内容と構成

『太田道灌状』の前文は欠落しています。当時、武将の書状の前文は「申し上げ候」などという簡潔なものでありました。本稿では原文の段落に即して、全文を三十九段に分けて読み解きます。

内容は直接的または間接的に、一貫して「長尾景春の乱」関係であるので、『太田道灌状』には「長尾景春の乱始末記」という副題をつけてもいいくらいです。しかしながら、構成は内容により大きく三つに分けられます。最初の第一段から第五段までは、調略した人物や降人等の所領安堵のことです。次の第六段から第二十六段までは、「長尾景春の乱」始終の報告です。そして最後の第二十八段から第三十八段までは、道灌の盟友たちの戦功報告等です。

第二十七段と最終の第三十九段は、この書状をまとめた高瀬民部等のコメントであると私は考えています。道灌からの書状を保持した高瀬民部は、全書状を内容ごとに分類し、それぞれの類の中で概ね編年的に整理をし、見事な包括的なレポートを作ったというべきです。しかしそのため冒頭に、道灌が最終段階で執筆したと思われる「大串弥七郎の事」が配置されて読者を困惑させています。

書写時の間違いや意図的な書き込みを考えても『太田道灌状』の大部分は、道灌の真筆の通りとされています。それ故に『太田道灌状』は、「享徳の乱」の根幹を語る貴重なノンフィクションでありまた太田道灌のレガシー（遺産）と言えます。

『太田道灌状』の随所に、具体的な執筆時を明示あるいは暗示する文言や内容があります。各段の執筆時が時系列にはなっていないので、この書簡が全て、一挙に執筆されたとする見方は妥当ではありません。

『太田道灌状』は、道灌とその盟友、部下が両上杉家のために五年間にわたり悪戦苦闘をつづけたことの、道灌自身の筆による簡潔かつ網羅的な記録で、語られている道灌の足跡は、武蔵、上野《こうずけ》、相模、駿河、下総《しもふさ》等におよんでいます。

解釈の難しさ

『太田道灌状』は、個人間の書状であるので、既に両者が知っている年月日、状況、主語

（人物名）が省略されていることが多く、そのことが解釈を難しくしています。また上杉顕定と太田道灌が行動を共にしている部分については「ご存じの前に候間、申し及ばず候」と記して省略してます。

標題をつけて、報告書風に書き始めている段も多数あるとはいえ、それぞれの内容は自由奔放です。したがっておそらくこれは、道灌が顕定から命ぜられて書いたものではなく、道灌の一存で書いた書簡であると思われます。戦陣の中でこれだけ詳しい報告書を関東管領に書きつづけた太田道灌は、きわめて几帳面な人物であったと言えるでありましょう。

伝来関係

私が推測するには、山内上杉家中に、秘かに太田道灌を支持する有力者がいて、道灌の志操、生きざまと功績をしっかりと後世に伝えるために、多数の書状を秘かに書写し、一本にまとめて残したに違いありません。書状をまとめた人物が、高瀬民部である蓋然性は極めて高いというべきです。なぜなら誰でも、権力者に書状を届けるとき、自分の味方を仲介者とするからです。

高瀬民部小輔は、史料本原注に「山内家人」とありまたその名前から推して、山内上杉家の内政を取り仕切る有力者であったと思われます。高瀬民部あるいはその周辺の者が、道灌の書状の重要性を知って秘かに書写し、若干の補遺と私見を加えて、後世に残したものと私は考えます。

太田資正介在の可能性

また後年、この写本を所持した人物は、岩槻城主であった道灌の曽孫、太田資正であるかもしれません。なぜならば、今日残っている道灌遺愛の琵琶や軍配など、道灌の重要遺品の多くが、その時代の客観的状況から推測して、太田資正を経由していると思われるからです。一五六五年（永禄八年）に太田資正が、嫡男氏資派のクーデターにより岩槻城を追われて城に残した『太田道灌状』を、後に入城した松平氏が取得したと推測されます。

書状の原本は、上杉顕定の居城平井城（藤岡市）あるいは鉢形城（寄居町）にあったものの、上杉氏滅亡の混乱の中で紛失あるいは焼失したと思われます。

松平本の『太田道灌状』は、東京都の『北区史』、埼玉県の「新編埼玉県史」など多くの地誌に掲載されています。国学院本の『太田道灌状』は、『松陰私語』（峰岸純夫編）の巻末史料として掲載されています。東京大学の史料本は、『太田道灌』（太田道灌公事績顕彰会）の巻末に掲載されています。今回用いるテキストはこの史料本です。

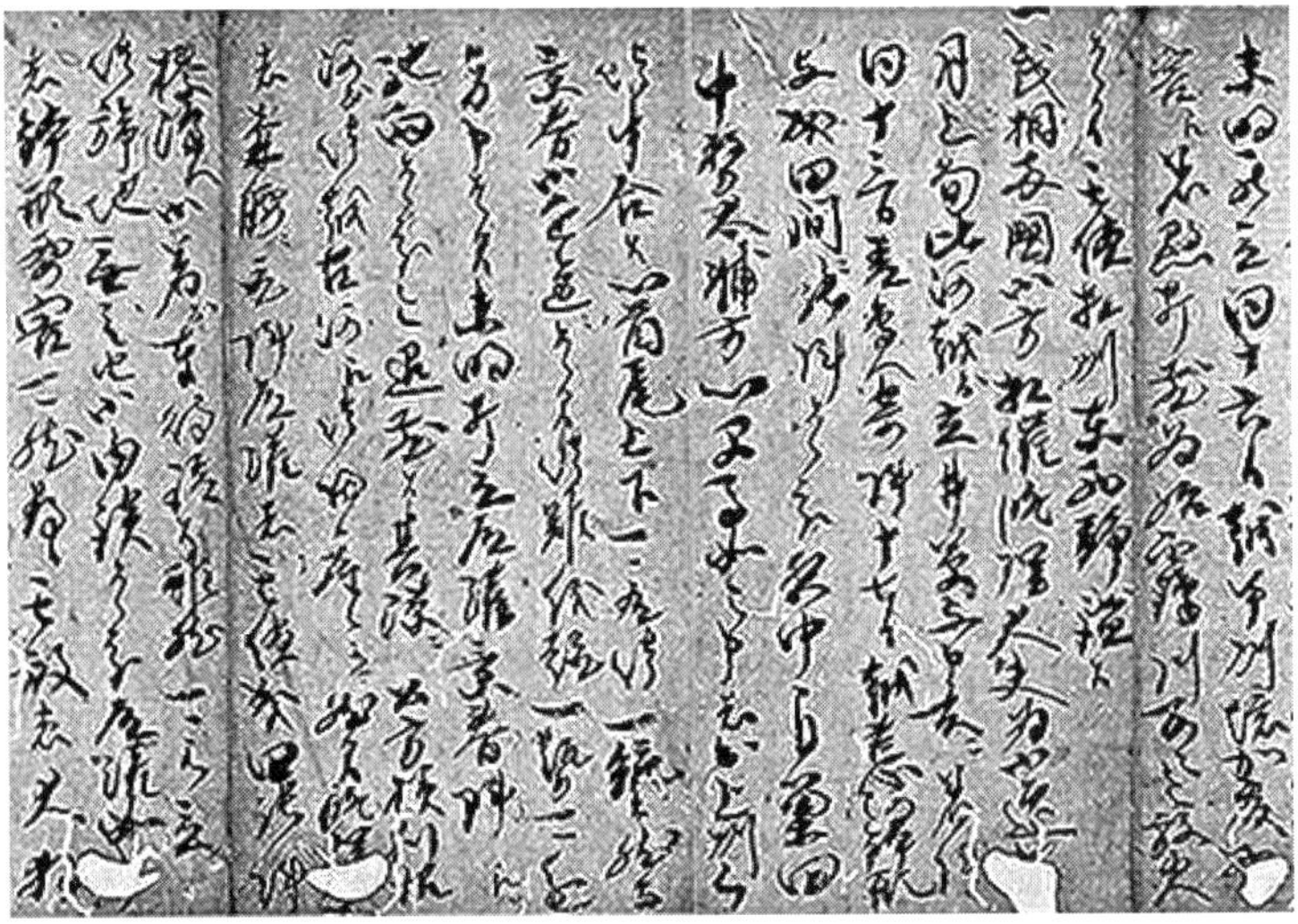

太田道灌状（国学院大学図書館蔵）

凡例

本文

東京大学史料編纂所蔵の史料本の増補版を本文として用います。その奥書に「右、太田道灌状一巻、肥前国高来郡島原松平忠和蔵本、明治二十年十月、編集久米邦武、文書採取ノ時、同郡役所ニ託シ之ヲ書写ス」とあります。

本稿では原則として、返り点、送り仮名、原注等は省き、必要に応じて註解の中で原注等を紹介します。明白な誤字脱字は、訂正します。

各書簡を一つの段とし、各段の最初の句を、便宜的にその段のタイトルとします（具体性に欠ける場合は、次の句で補足）。

読み下し文

送り仮名は現代仮名遣いにより平仮名で送り、意味の切れ目に、句読点を加えます。「候」の文字には候文《そうろうぶん》の慣例にしたがい、送り仮名（活用語尾）を省きます。前島康彦著『太田氏の研究』（一九七五年）巻末の読み下し文を参考とします。

現代語訳

本文で主語や目的語が省略されている場合は、それらをできるだけ、括弧内に補います。直訳すると不自然な現代語になる場合には、意訳をします。

註解

『太田道灌状』に特有の語の意味を、原則として初出の語についてのみ記します。語の意味が初出と異なる場合は、再度記します。

史料本の本文に付せられている「原注」と括弧内付記の内、必要と思われるものを転記します。

語法の説明も原則として初出のみ記します。『太田道灌状』は、いわゆる候文で記されています。候文は、鎌倉時代から明治時代の前半まで用いられた語法で、主に公用文や手紙で用いられました。その語法では「候」という助動詞と理由を表す接続詞「間」を頻繁に用います。同じ候文でも、時代によりまた書く人により独特の慣用的表現があります。

本稿では、品詞については概ね、文脈把握に必要な接続詞、助動詞、助詞について説明し、さらに『太田道灌状』の中で多用される句法、当て字なども指摘します。

「者」(助詞、接続詞)という語は、『太田道灌状』の中で多用され、その用法は種々に変化します。主語を表わす格助詞的用法の場合以外は接続助詞的用法で、その意味は理由、譲歩、条件、仮定など順接と逆説の両様に用いられます。本稿では「者」が、格助詞的用法の場合は助詞とし、接続助詞的用法の場合は接続詞として文脈把握のためその都度意味を指摘します。

候文の語法には時制がないので、現在の意味か過去の意味かは、前後関係から判断します。

また『太田道灌状』では、省略された主語を把握するため、敬語表現に注意をはらうことが極めて重要です。「被（られる）」、「仰（おおす）」などの尊敬語、「申（もうす）」、「罷（まかる）などの謙譲語、「御（お、おん、ご、ぎょ）」「候（そうろう）」などの丁寧語により、主語や目的語を特定することができるので随時指摘します。

『太田道灌状』を入念に読むと、おそらくはとり急ぎ執筆されたものが多いであろうが、その文章作法は極めて精緻かつ正確であることがわかります。

解説

『太田道灌状』は、背景や事情を知っている者同士の書簡の集積であります。したがって、主語や執筆時期、前後の状況説明は自明として省略されています。

また当時、長上の人物の実名を呼称することが憚られる慣習があったので、足利成氏や上杉顕定などの実名は一切使われていません。そのことにより、この書は一層難解となっています。

ここでは、各段の内容の時代背景や地理的背景とともに登場人物特に長尾景春、古河公方、上杉顕定、足利義政など時代の実力者たちの思惑、感情なども考察します。

また随所に、さりげなく記されている一節も、世人に対する道灌の貴重な「警句」として考察します。

さらに必要に応じて、各地の伝承や関連事項も拙著『道灌紀行』より引いて添えます。

第一段　大串ノ弥七郎出仕の事は

本　文

雖大串ノ弥七郎出仕之事連連申来候、取分去九月、就東上野雑説御近辺自参上之刻申候之処、半可然趣蒙仰候間、今度召具罷立候。然而未御免無候。彼進退致訴（訟）事者、御敵御方、其外隣国無隠所。依申隔人躰候、不預御許容候之段、不運至極候。弥七郎事者、於秩父高佐須、就同心傍輩中身命相通旨候之故、城中様態令存候。随其廻行候之間、御方一人も無恙、専一御敵等数十人被討取候事、御存知前候間、委不及申候。然而件同類加扶持置面々、弥七郎出仕候者、各々可致訴訟由申候哉。難被準自余候。

読み下し文

大串ノ弥七郎の出仕の事は、連連と申し来り候と雖《いえど》も、取り分け去る九月、東上野の雑説《ぞうせつ》に就いて御近辺に参上の刻《とき》より申し候の処、半ば然るべく趣き、仰《おお》せを蒙《こうむ》り候間、今度召し具して罷《まか》り立ち候。然り而して未だ御免《ごめん》なく候。彼の進退を訴訟致せし事は、御敵御方、其の外隣国にも隠れなき所なり。申し隔つる人躰《にんてい》候に依り、御許容に預からず候の段、不運至極に候。

弥七郎の事は、秩父高佐須に於いて、同心傍輩《ぼうはい》中に就いて身命相通わす旨候の故、城中の様態存ぜしめ候。其れに随い行を廻《てだて》らせ候の間、御方一人も恙《つつが》無く、専一《せんいつ》に御敵等数十人が討ち取られ候事、前《さき》に御存知候間、委《くわ》しく申すに及ばず候。然り而して件《くだん》の同類にて扶持《ふち》を加え置く面々、弥七郎出仕候ば、各々訴訟致すべく申し候か。自余《じよ》に準ぜられ難く候。

現代語訳

大串弥七郎の出仕について、度々申しあげてきましたが、とりわけ去る（文明十一年）九月に、東上野の不穏なうわさの件で（道灌が顕定の）お側に参上したときから、申しあげてきました。半ば了承とのご意向をいただいたので、この度（弥七郎を）呼び連れて参りました。ところが、まだお許しがありません。彼の進退について正式に申し出をしたことは、敵方にも味方にも、其の他隣国にも知られています。申し出を妨げる者たちがいて、許容されないことは、たいへん不運なことです。

弥七郎は、秩父の高佐須城で（景春方の）仲間や同輩と気脈を通わせていたので、城中の様子を知らせてくれました。その情報にもとづき作戦を実行したので、味方を一人も失わず、一方的に敵方数十人が討ちとられました。（そのことは顕定も）先刻御存じの通りですから、委しくは申しあげません。

またあの（弥七郎の）同類で扶持を加えられた者たちも、弥七郎が出仕したならば、出仕の申し出をすると（家臣が）申しているのでしょうか。（弥七郎の件は）その他の者とは、同様には考えられません。

註解

①大串ノ弥七郎＝原注「武蔵七党ノ中横山党也」、武蔵国比企郡南吉見村の大字大串は大串氏の本貫地。【解説参照】
②出仕＝具体的には関東管領上杉顕定へ仕えること。
③連連＝度々、引きつづき。
④候＝～（そうろう）です、～ます、丁寧、謙譲を表す候文の助動詞。動詞では「ある」の意味。
⑤取分＝（とりわけ）特に。
⑥去る九月＝文明十一年九月。
⑦雑説＝（ぞうせつ）種々のうわさ、とりわけ離反、謀反のうわさ、具体的には文明十一年九月の忍城雑説のことか。【第二十四段参照】
⑧趣＝（おもむき）意向、内容、事情。

⑨御近辺＝上杉顕定のそば、長上の実名を記すことを憚る慣例。
⑩～之刻＝（～のとき、～のみぎりに）候文の慣用句。
⑪蒙＝（こうむる）受ける、謙譲語。
⑫仰＝（おおす）命令する、尊敬語。
⑬間＝（～あいだ）～ので、～ゆえに、二つの事柄の間にある因果関係を明示あるいは暗示。
候文で多用される原因、理由を表す接続詞。
⑭罷＝（まかる）謙譲、丁寧、強勢、荘重を表す接頭語。動詞「罷る」は、「来る、行く、出る、死ぬ」の謙譲語。
⑮然而＝（しかして、しかれども）そうしたところ（順接）、それなのに（逆接）。
⑯未＝（いまだ～せず）再読文字。
⑰致訴訟事者＝（訴訟をいたせし事は）訴訟とは、所領安堵、出仕許容などを願い出ること。
「者」は主語を表わす助詞。
⑱御敵御方＝（おんてきおんかた）美化語、御敵は怨敵の意味、御方は味方の意味。
⑲申隔人躰＝（もうしへだつるにんてい）反対する連中。
⑳～之段＝（～のだん）～すること、候文の慣用句。
㉑弥七郎事者＝（弥七郎の事は）「者」は主語を表す助詞。

㉒秩父高佐須＝日野城・熊倉城。【解説参照、第二十六段参照】
㉓同心＝仲間、盟友、味方、賛同すること。
㉔傍輩＝（ぼうはい）同じ家に仕える同輩。
㉕令＝（〜しむ）使役、婉曲（使っても使わなくても同じ意味）の助動詞。
㉖行＝（てだて）段取り、作戦、戦術。
㉗専一に＝一方的に。
㉘件之＝（くだんの）例の、既に話題にした事柄に添付、候文の慣用句。
㉙被＝（〜らる）受身、尊敬、婉曲の助動詞。
㉚扶持＝（ふち）扶持米、助けること。
㉛出仕候者＝（出仕候ば）「者」は仮定を表す接続詞。
㉜歟＝（〜か）疑問を表す助詞。
㉝自余＝その他。

解　説

①冒頭に道灌の最終書簡・読者は困惑

『太田道灌状』では、各書簡が概ね内容別かつ編年的に配置されているものの完全には整理されてはいません。「長尾景春の乱」最終段階の熊倉城の戦のあとで執筆された道灌書簡「大串の弥七郎の事」が、冒頭に配置してあるとは驚きです。その中に「申し隔つる人躰」とか「秩父高佐須」という重要事項が出てきて読者をさらに困惑させます。【第三十九段参照】

②大串ノ弥七郎之事

埼玉県比企郡吉見町大串を本貫地とした武蔵武士、横山党の大串次郎重親は、平家物語に登場します。平家物語に、畠山重忠の家臣大串次郎重親が宇治川の合戦で、徒わたりの先陣を遂げたという、ユーモラスな挿話が記されています。

埼玉県吉見町大串に、毘沙門堂すなわち大串山金蔵院があり、そこから七十メートルの畑の中に、伝・大串次郎の墓といわれている宝篋印塔があります。

吉見町立図書館の地元史料「吉見町人物誌」には、『太田道灌状』冒頭に登場する大串ノ弥七郎とは、大串次郎重親の子孫である、と記されているものの詳細は不明です。

③論功行賞の要望・道灌の調略

太田道灌は、「長尾景春の乱」の最中《さなか》に、屋形（上杉顕定）が国人衆に所領安堵の御証状を出すように取りはからいながら、味方を増やして形勢を逆転していきました。上杉方が、長尾景春と古河公方の連合に対して優位を維持するためには、速やかな所領安堵や出仕許容の実行が差し迫った重要事でありました。

此の段の趣旨は、道灌が推挙した大串ノ弥七郎の出仕に関する、速やかな決裁の要望です。

弥七郎は高佐須城の状況を知っていた人物と昵懇でありながら、調略により道灌方へ転じたと思われます。道灌は、大森御陣の時以前より度々弥七郎の出仕を顕定に推挙し、大森御陣では一層強く要望しました。その上また熊倉城の最終戦が終わってからこの書簡を顕定に送っているのです。

④申し隔つる人躰・上杉軍団の派閥争い

調略により味方を増やす道灌の戦略に水を差す人物がいました。それは、上杉軍団の作戦案などでことごとく、道灌と反りが合わなかった山内上杉家の家宰の長尾忠景たちであったと思われます。

⑤秩父高佐須

柳田国男の『地名の研究』によると、「サス」とは、焼き畑農業の地の意味です。したがって、高いところにある農地を「タカサス」とよびました。今では、秩父、奥多摩、津久井など関東西南部に残った「タカサス」「サス」が固有の地名になっています。

秩父地方には「高指《たかさす》」という場所が二か所あります。秩父市の熊倉城址に隣接する高みは高指山とよばれています。また小鹿野町の塩沢地域に接する高指には、見事なだんだん畑の遺構があります。

私が関連の各所を歩いた感触から推考すると、秩父高佐須とは熊倉城址すなわち『太田道灌状』の中の日野要害そのところであると思います。そこは林間の高みでかつ、小学校のグラウンドくらいの平場であるので、当時はさんさんと日が差していたと思われます。秩父に人脈をもっていた長尾景春は、その場所を取りたてて築城したのでありましょう。

現在の高佐須山の頂上は、畑にしては狭すぎるので見張り台であったでしょう。道灌は同じものを異なる呼称で記述することがしばしばありました。

『新編武蔵風土記稿』（一八三〇年）には、高佐須城を小鹿野町の塩沢城とし、そこの戦で地元の小沢左近と嶋村近江守が、道灌軍に味方して夜討ち沢を案内した、という伝承が記されています。

『太田道灌状』の中で大串ノ弥七郎と身命を相通わしたといわれた同心が、小沢左近と嶋村近江守であるのかは定かではありません。【第二十六段参照】

第二段　降人等の事

本　文

降人等事、道灌於執申人躰者御免。至所帯等も不可有相違之趣、河内御座之時分、御證状申請、涯分廻計略、招付御方候人躰、数輩事候歟。為一人全非自尊候。

読み下し文

降人等の事、道灌執《しゅう》し申す人躰に於いては御免。所帯等に至るも相違有るべからずの趣き、河内御座の時分、御證状を申し受け、涯分計略を廻らし、御方に招き付けたる人躰、数輩の事に候か。一人と為《し》て全く自尊にあらず候。

現代語訳

降参した者のうち、道灌が執りなした者は赦免されました。所領も安堵される趣旨でした。（顕定が）河内城にいた時分に、（道灌が）御證状を申し受けたので、できるだけ計略を廻らし、味方に招き入れた者が数人いたでしょうか。一人として、道灌の一存で決めたことは全くありません。

註解

①降人＝降参した者。
②執＝（しゅうす）執りなす、よいように計らう。
③所帯＝所領。
④河内御座＝（かわちぎょざ）宿阿内城での上杉顕定の仮本陣。【解説参照】
⑤御證状＝河内御座で関東管領上杉顕定より発給された所領安堵状。
⑥涯分＝（がいぶん）できるだけ。
⑦全非自尊候＝（全く自尊にあらず候）自尊は「自分の一存」の意味、「非」は返読文字、「全非〜」は全部否定。

解説

①河内御座と道灌の調略

一四七七年（文明九年）一月十八日、長尾景春軍が五十子の上杉陣を急襲したので、山内、扇谷、越後の三上杉氏と岩松氏は、真冬の利根川を徒渡って東上野《こうずけ》へ敗走しました。上杉顕定は上野の河内御座すなわち宿阿内城《しゅくあうちじょう》（前橋市）へ入りました。

宿阿内城は関東管領の亡命政権の地となりました。そのとき関東管領上杉顕定が発した所領安堵の御證状により、道灌は、景春方の国人衆の切り崩しすなわち調略を相当熱心に行い、体勢を挽回していきました。「御證状を申し受け、涯分計略を廻らし、御方に招き付けたる」とはまさに調略のことです。そのような外交手腕が道灌の戦略の重要な部分でした。それは現代で言えば、外交交渉による問題の平和的解決です。

この文面から察すると、道灌は直接の主君定正を飛び越えて、直接顕定から指示をうけていました。緊急事態に対応するため、早急に決済の実行を顕定に迫ることが多くなりました。

また上杉家が危機を脱したあと家中から、降人に対する御證状が道灌の一存によった、という非難が出たので道灌は、この段の最期で弁明しています。当時、上杉氏存亡の危機を救うために鬼人のごとく奮闘した道灌をやっかむ輩《やから》が上杉家中にいたということです。

群馬県前橋市亀里町の女体神社は宿阿内城の三の丸址で、現在も境内に土塁が残っています。

②家宰の権限と責任

太田道灌は、一四五五年(康正元年)扇谷上杉家の家宰となり、相模守護代を兼ねました。

上杉家の家宰は、主君の意を受けて傍輩への所領安堵、段銭・夫役の徴収と免除、領内通行の保証、違乱の排除、禁制発給、住持等の寺社人事の承認、寺社領への代官推薦、他家との外交交渉などにあたりました。また戦では家宰が大将を勤めるなど、強大な実権と責任をもつ地位でした。

③組織内矛盾

「長尾景春の乱」の最中、当時は緊急事態のため、上杉軍団全体の動きは、山内上杉顕定統括のもと現場の総指揮を扇谷上杉家の家宰太田道灌がとらざるを得ませんでした。そのため山内上杉家の家宰長尾忠景と扇谷上杉家の当主上杉定正は、とかく疎略にされてそのために異論を唱えることが徐々に増えてきたと思われます。

第三段　毛呂三河守父子の進退の事

本　文

毛呂三河守父子進退事、秩父口表、最初自御敵城招出候間御免、則左近太郎致出仕候。然任御証状旨、当知行之地雖不可有相違旨存候、土佐守白井へ致御伴忠節候之間、総領職事不及申立候。根本、三河守事者、同名左近将監入道並宮野一跡相拘候。此の内おも故三河入道来阿、自余子供中少々相分、又別買得散在地おも宮野分に加、当三河守方へ譲与ス。舎兄土佐守、致御敵候之間、名代並所帯等悉以令相続、為御方及三十年致忠節。縦令今度一往之儀候者、不限一人候歟。幸宮野分下地各別候間、親候入道加異見候之処、竹寿不致承引、色々及狼（藉）、剰老体任雅意様ニ申成候段、有御許容号被置中途、至テ下地、竹寿致所務候之間、深奉恨候。雖縦一旦非分お申候、争彼仁可被思召替候也。恐者老躰以大功当家再興度々及候段、眼前事候歟。

読み下し文

毛呂三河守父子の進退の事、秩父口表、最初に御敵城より招き出だし候間御免、則ち左近太郎出仕致し候。然れば御證状の旨に任せ、当知行の地相違あるべからざる旨存じ候と雖も、土佐守白井《しろい》へ御伴致して忠節候の間、総領職の事申し立て及ばず候。

根本、三河守の事は、同名左近将監入道並に宮野一跡拘(抱)え候。此の内おも故三河入道来阿、自余の子供の中に少々相分ち、又別に買い得た散在地をも宮野分に加え、当三河守方へ譲与す。

舎兄土佐守、御敵致し候の間、名代並に所帯等、悉く以て相続せしめ、御方の為に三十年に及び忠節を致す。縦令《たとい》今度の一往之儀(候)は、一人に限らず候か。

幸い宮野分の下地各別に候間、親に候入道が異見を加え候の処、竹寿承引致さず、色々狼藉に及び、剰え《あまつさ》老体の雅意に任せた様に申し成し候段、御許容有りと号し、中途に置かれ、下地に至っては、竹寿所務致し候の間、深く恨み奉り候。縦え一旦非分を申候と雖も、争か《いかで》彼の仁を思召し替へられべく候也。

恐らくは、老躰の大功を以て当家再興度々に及び候段、眼前の事に候か。

現代語訳

毛呂三河守父子の進退の事、秩父口表にて、最初に敵の城から招き出したので免ぜられました。すぐに(毛呂)左近太郎が、(上杉顕定に)出仕しました。そうであるので、御證状の内容のとおり、現状の所領安堵は間違いないと思って(総領職のことを申し立てようと考えて)

いましたが、（毛呂）土佐守が、白井城へ（顕定の）お供をして忠節を尽くしたので、総領職の事は申し立てをしませんでした。

元々、（先代の）三河守は、（先々代の）毛呂左近将監入道（からの相続地）と宮野の所領を所持していました。このうち（先代の）故三河守来阿は、他の子供らに少々分け与え、別に買い足した散在地も宮野分にあわせて現在の三河守に譲渡しました。

兄の土佐守は敵対したので、名代と所領をことごとく（三河守が）相続し、（上杉方）の味方として三十年間忠節を尽くしました。たとえ今度一時、敵対したとしても、それは（三河守）一人のことではないのではありませんか。

幸い、宮野分の下地は特別であったので、親の入道（道真）が意見を加えました。（しかし）竹寿（上杉持朝）が承諾せずに、いろいろと妨害し、そのうえ、老人（道真）がわがままを言っていると（顕定へ）申して、了解を得ていると言い（所領については）係争中にして、下地に至っては、（竹寿が）自分の所領としたので、（道灌は）深く恨んでいます。たとえ（三河守の）一度、分に非ざる発言があったとしても、どうしてかの者を替えることができましょうか。

老体（道真）の大功をもって、当家の再興が度々あったであろうことは、おそらく誰の目にも明らかでないでしょうか。

註　解

①毛呂三河守＝原注「武州住人、小野宮実頼公末葉季仲孫季光初て毛呂と号す、代々武州に住す、毛呂に両派あり」、三河守は受領名。【解説参照】
②進退＝去就、具体的には上杉家への出仕。
③秩父口表＝秩父往還の秩父口表は寄居町の釜伏峠入り口、またその近くの鉢形城。
④御敵城＝鉢形城。
⑤左近太郎＝弟の三河守。
⑥知行＝支配（地）。
⑦白井　＝（しろい）渋川市の白井城。
⑧総領職＝家督を継ぐ地位。
⑨根本＝元々。
⑩同名左近将監入道＝同名は同族、左近将監入道は三河守の先々代（季李）か。
⑪宮野一跡＝宮野の相続地。毛呂山町の伊波井神社の棟札に、毛呂大明神の神領が宮野村にあると記述。
⑫三河入道来阿＝毛呂三河守の先代（季武）か。
⑬縦令今度一往之儀候者＝「縦令～者」（たとえ～であろうとも）譲歩を表す句法。「者」は譲

歩を表す接続詞。「一応之儀」とは、一度敵対した者の改心の儀礼。「儀」とは元々「規範、基準」の意味で『太田道灌状』で多用。【第十四段参照】
⑭下地＝耕作に適した平坦地。
⑮親候入道＝太田道真（一四一一年〜一四九二年）、道灌の父。
⑯竹寿＝扇谷上杉家第四代当主・上杉持朝（一四一六〜一四六七）の幼名。上杉定正は持朝の三男。
⑰雅意＝わがまま。
⑱中途に置く＝（所領について）決裁を遅滞する。
⑲所務＝所領とすること。
⑳非分＝道理に反すること、具体的には上杉氏に敵対すること。
㉑當家再興＝上杉氏が河内御座から武蔵へ戻ったことなど。
㉒眼前の事＝目に見えること、明らかなこと。
㉓「争〜也（哉）」＝（いかでか〜や）どうして〜であろうか、疑問、反語を表す句法。
㉔恐者＝（おそらくは）多分。

解　説

①毛呂氏の複雑な事情

毛呂氏は、藤原氏の流れをくむ有力国人領主で、毛呂季光は頼朝の側近として活躍し、毛呂郷を本貫地として北浅羽など八か所を領しました。埼玉県毛呂山町には毛呂城址（長栄寺）と毛呂氏館跡（山根城址と榎堂）などがあります。

毛呂左近将監入道の子が、毛呂三河入道来阿であると思われます。そして毛呂三河入道来阿の子が、土佐守と三河守であり、兄土佐守は親に敵対し、弟三河守は名代と所領を全て受け継ぎました。三河守は長尾景春の乱で当初景春方につき、後に鉢形城の合戦で上杉方に戻ったと思われます。この段には毛呂家の親兄弟の複雑な関係と所領について記されています。

道灌が毛呂氏の複雑な事情をかくも詳しく知っていたとは驚きです。博覧強記の道灌はおそらく、各地の国人衆を調略するため、その来歴と実態を詳しく調べたのでありましょう。

②秩父往還の鉢形城

中世関東、武蔵のメインロードは、南北をつらぬく鎌倉街道上道《かみつみち》と荒川沿いに東西を貫く秩父往還でした。

秩父往還の峠超えは、鉢形城の近くにある釜伏峠越えの道でありました。したがって、「秩父口表、最初に御敵城より招き出だし候」と記されている御敵城とは鉢形城であり、文明十年七月十七日に、道灌軍が鉢形城に拠る景春軍を攻撃したとき、道灌の調略により、毛呂氏父子が上杉側に転じたと思われます。

③長上者の実名を憚る習慣

当時日本では中国の習慣にならい、目上の者の実名を呼ぶことを憚かりました。『太田道灌状』には、太田道真を「親に候入道」あるいは「老父」と、上杉顕定を「屋形」あるいは「鉢形」「大将様」などと、上杉定正を「修理大夫」と、足利成氏を「公方様」と記されています。

道灌が、扇谷上杉氏の第四代当主を「竹寿」と幼名で気安く呼んで、本音をずけずけ言っていることは特段のことで、道真・道灌の扇谷上杉家での特別な立場と親愛の情が表れているように思われます。これはまた、道灌が江戸っ子の元祖であるという所以の一つです。

④「老体の大功」

大功とは、関東不双の案者（知恵者）といわれた太田道真の上杉家に対する長年の功労のことです。三上杉氏が長尾景春軍に追われて利根川を敗走したときも、景春軍は太田道真を憚り追撃を止めました。

宮野村の下地について大功労者の太田道真が特段の意見を述べたので、その意見を尊重してほしいと、道灌が要望しています。

第四段　小宮山左衛門太郎の事

本　文

小宮山左衛門太郎事、一段以無正躰覚悟、奉成不義候之段無是非候。乍去不一人事候歟。恣親類ニ候之間執申候之処、無相違致出仕候。少所帯事者被仰出候歟、又御免上者、為同名間致申沙汰候歟。如何様不可過両篇旨存候処、令無足如今者可致闕落様候。大串事も雖縦御免候、為如此御刷、於途中可致退屈趣候者、為道灌口惜候間、此儘没身中々一途候。

読み下し文

小宮山左衛門太郎の事、一段正躰無き覚悟を以って、不義を成し奉り候の段は、是非無く候。去り乍ら一人の事にあらず候か。恣《ほしいまま》の親類に候之間、執し申し候の処、相違無く出仕致し候。少しく所帯の事は仰せ出され候か、又御免の上は同名たる間沙汰致し申し候か。如何《いか》様《さま》両篇に過ぐべからず旨存じ候処、今の如く無足せしめば闕落《かけお》ち致すべく様に候。大串の事も縦え御免候と雖も、此の如き御刷《おんかいつくろい》のため、途中に於いて退屈致すべく趣に候ば、道灌たるは口惜く候間、此の儘の没身も中々一途に候。

現代語訳

小宮山左衛門太郎の事、一旦間違った考えを持って、不義をしたことは、仕方のないことでありました。そうであっても（それは小宮山）一人の事ではなかったのではないでしょうか。（小宮山は道灌の）親しい親類であるので（顕定に）とりなしたところ、相違なく出仕することができています。少しは所領の事について（顕定から）ご指示があったでしょうか。又御免の上は、（道灌とは）親類であるので、働きかけをさせていただきましょうか。とにかく出仕と所領に過ぎるものはないと思います。（小宮山氏は）、今のように所領がなければ、闕落ちせざるをえません。

大串の事も、たとえ赦免されたといえどもこのような処遇のため、途中において困窮する状態であれば、道灌としては口惜しく思うので、（大串が）このまま没落することもいっそ一つの方法であると思います。

註　解

①小宮山左衛門太郎＝甲信からの出稼ぎ衆か。【解説参照】
②一段＝一旦。
③正躰無覚悟＝（しょうたいなきかくご）正常でない考え。

④不義＝行ってはいけないこと、具体的には上杉氏に敵対したこと。
⑤是非無＝（ぜひなし）しかたがない。
⑥乍去＝（さりながら）しかしながら、当て字。
⑦恣＝（ほしいままの）自分の心のままの、勝手な、親しい。
⑧被仰出候歟＝（仰せ出だされ候か）尊敬の助動詞「被」があるので、省略されている主語は「屋形（顕定）」。
⑨又御免上者＝（又御免の上は）「上者」は理由を表す接続詞。
⑩沙汰＝（さた）指示、働きかけ。
⑪如何様＝（いかさま）とにかく、どう考えても。
⑫両篇＝二つの事柄、具体的には出仕と所領。
⑬令無足如今者＝（今の如く無足せしめば）「無足」とは、所領がないこと、「者」は仮定を表す接続詞。
⑭可致退屈趣候者＝（退屈致すべく趣に候ば）「退屈」とは、困窮すること、「趣」とは、「事情」の意味、「者」は仮定を表す接続詞。
⑮闕落＝（かけおち）他の地へ逃亡すること。
⑯刷＝（かいつくろい）修繕すること、対応策、統治、政策、具体的には小宮山氏に対する

処遇、『太田道灌状』で多用。「刷」は、「刀で汚れをさっとこすり取る」の意味。

⑰没身＝没落。

⑱一途＝（いちず）一つの方法。

解　説

①小宮山左衛門太郎

小宮山左衛門太郎は太田家の親類とされているものの、関係は不明です。長野県佐久市小宮山が小宮山氏の本貫地と思われます。小宮山姓は信濃と甲斐に多く、左衛門太郎は、一四七七年（文明九年）の長尾景春の決起に応じて景春に与した出稼ぎ衆で、後に道灌と意気投合して上杉方に転じたと思われます。恣の親類とは、道灌の一存で親類扱いをした人の意味と思われます。

②降人に対する処置

管領上杉顕定の降人に対する対応は、二段階になっていました。御免すなわち赦免して出仕を認めることと、所帯の事すなわち所領を安堵することでした。道灌は、多くの降人がいたので、政治的に穏便な対応を求めました。しかし、顕定は降人に対して、出仕を認めても所領安堵することを渋ったことがありました。

大串弥七郎は秩父高佐須の戦で大功労があったものの、出仕は認められて所領安堵は不十分でした。道灌は、そのことに相当の不満を述べています。

第五段　屋形の近陣御催促に就いて

本　文

就屋形近陣御催促、去月河越へ御越、永々有御滞留被仰候処、不被領掌申候哉。不可然存候。四五日以前上田上野介来候間、件題目物語仕候処、如申者、一両年奉対鉢形、述懐之様候。細事等中ニ、専去々年於秩父、多比良治部小輔所帯事訴（訟）被申候処、御領掌、既御落居様被仰候而、無其曲候之間、涯分口惜令存候歟。此事も秩父御陣御難儀奉見。構要害人躰候之間、不慮奉恨、色をも顕候者大切候上、彼仁出頭事、榛沢御陣之時、被奉加一言候之間、以旁儀被申候歟。

読み下し文

屋形の近陣御催促に就いて、去月河越へ御越し、永々と御滞留有り仰せられ候処、領掌申されず候哉。然るべからず存じ候。四五日以前、上田上野介来り候間、件の題目を物語仕り候処、申す如くは、一両年鉢形に対し奉り、述懐の様に候。

細き事等の中に、専ら去々年秩父に於いて、多比良治部小輔の所帯の事訴訟申され候処、御領掌、既に御落居の様に仰せられ候て、其の曲《きょく》無く候の間、涯分口惜しく存ぜしめ候か。

此の事も秩父御陣の御難儀と見奉る。要害を構える人躰に候の間、不慮に恨み奉り、色をも顕し候ば大切に候上、彼の仁出頭の事、榛沢御陣《はんざわごじん》の時、一言加え奉られ候の間、旁《かたがた》の儀を以て申され候か。

現代語訳

屋形の近陣からの（上杉定正への）御催促についてですが、先月河越へ来られて、長々と滞在されて指示された事を（定正が）了承されなかったのでしょうか。（道灌はそのようなことが）あってはならないと思います。四、五日前に上田上野介が来ましたので、その問題を語ったところ、彼が「（定正は）一、二年の間、鉢形（顕定）に対して、述べたとおり（定正が顕定の言うことに反対）でした」と言っていました。

細かい話の中の事で、特段のことですが一昨年（文明十二年）秩父に於いて、多比良治部小輔の（秩父の）所領の事を（定正が）訴願をしましたところ（顕定は）御了承し、既に解決したようにおっしゃいまして、その結果がなかったので、（多比良は）随分と口惜しく思っていたのでしょう。この事も秩父御陣の御難儀（の要因と）思います。（多比良は）要害を構える人物であるので、（多比良が）思いがけずに（顕定を）恨んで、（反抗の）行動を起こすことがあれば大変ですので、あの男が出頭の事、榛沢御陣の時に（定正が顕定に）一言加えられたので、いろいろなことを伝えたのでしょうか。

註　解

①屋形＝上杉顕定（一四五四年〜一五一〇年）、関東管領、山内上杉家当主、武蔵、上野守護、越後守護上杉房定の子。享徳の乱勃発の年に生まれた顕定は、一四六六年（寛正七年）関東管領上杉房顕が五十子陣で陣没して男子がいなかったので継嗣。
②近陣＝上戸陣（河越館跡）と推定。「近陣」を「近々の出兵」の意味にとる読み方もあるが、具体的に何を指すか不明。【解説参照】
③河越＝川越、江戸時代以降に「川越」と表記。
④上田上野介＝（うえだこうずけのすけ）扇谷上杉家の重臣、武州松山城主、道灌の親しい盟友。
⑤鉢形＝鉢形城主、上杉顕定。顕定の鉢形入城は文明十年。
⑥去去年＝一昨年、文明十二年、熊倉城合戦の頃。
⑦仕＝（つかまつる）する、行う、謙譲語。
⑧奉＝（たてまつる）献上する、供える、謙譲語。
⑨多比良治部小輔＝（たびらじぶしょうゆう）秩父平氏の流れをくむ国人、「たびら」とは「た

いら」（平）の変形か。【解説参照】
⑩落居＝（らっきょ）解決、落城。
⑪曲＝（きょく）結果、実証。
⑫涯分＝（がいぶん）随分、相当。
⑬秩父御陣御難儀＝秩父の長尾景春軍を攻撃する際の種々の問題。
⑭要害＝険しい山城、具体的には、すぐに要害に転用できる塩沢（小鹿野町）のタカサス。
⑮人躰＝（にんてい）人物、具体的には多比良氏。
⑯色＝態度、行動など、「心」に対する語。
⑰榛沢御陣＝（はんざわごじん）深谷市榛沢か。【解説参照】
⑱被奉加一言候之間＝（〔定正が顕定に〕一言加え奉られ候の間）「被」は尊敬を表す助動詞であるから「加一言」の主語は道灌の主君である定正、「奉」は謙譲を表す助動詞であるから動作の目的語は定正の上位にある管領顕定、「候」は丁寧を表す助動詞であるからこれを述べているのは臣下の道灌。したがって、この一節は三重の敬語表現。
⑲色をも顕候者＝（色をも顕し候ば）「者」は仮定を表わす接続詞。
⑳以旁（之）儀＝（かたがたのぎをもって）いろいろな事情で。「旁」は「あまねし」の意味。候文で多用される慣用句。

解説

①近陣と去月について

近陣とは、いったいどこなのか記されていません。河越城の近くで、関東管領上杉顕定が長く逗留できる場所は、川越市上戸《うわど》の河越館跡意外には考えられません。
秩父平氏の河越氏は、平安末期に入間川を越えて、現在の河越館跡の場所に住み勢力を張りました。しかしやがて、河越氏は武蔵平一揆（一三六八年）で鎌倉幕府に討たれて没落しました。

その後、一四八七年（長享一年）長享の乱で山内上杉顕定は、河越城の扇谷上杉定正を攻めるため、河越館跡に陣を構えました。したがってその数年前の文明年間に既に、顕定は河越館を逗留の地としていたと推測されます。

また去月についても、具体的にいつなのか記されていません。文中の「去去年」が熊倉城落城の文明十二年で、去月とは、文明十四年の後半と思われます。

②関東管領上杉顕定と上杉定正の確執

「領掌申されず候哉」とは、上杉顕定の指示に定正がしたがわなかったということです。
さらに「一両年鉢形に対し奉り、述懐の様に候」とは、この数年間定正は顕定に反抗しつづけていた、ということです。そして道灌はそのことを「然るべからず存じ候」と懸念しています。

この時の顕定の指示内容は、文中に記されていないものの、その前後の経過から推測して、文明十二年の秩父御陣の事後処理等であったと思われます。

③多比良氏への調略不調

一四七八年（文明十年）の鉢形城の合戦後、長尾景春は秩父へ移動し、長尾城（秩父市）を経て熊倉城（秩父市）へ入ったと思われます。そのとき道灌は定正をとおして、多比良氏の所帯安堵を訴訟したものの結果が現れませんでした。そのため道灌の調略は不調となり、秩父御陣の際に悶着が起こったと思われます。要害とは、小鹿野町塩沢のタカサスと思われます。塩沢のタカサスは、すぐにも要害に転用できる稀有の地相を持つところです。現在も小鹿野町塩沢地域には、多比良姓の人がたくさん居住しているので、多比良氏の所帯（所領）とは、塩沢地域であったと思われます。

塩沢のタカサスは、『新編武蔵風土記稿』に記されている長尾景春築城の塩沢城であるとの説もあります。（埼玉県史）

④榛沢御陣

一四七八年（文明十年）七月十八日、道灌軍は鉢形城を攻め、長尾景春を秩父へ追ったので、古河公方は古河城へもどりました。道灌は榛沢御陣で顕定をむかえ、鉢形城への入城を勧めたので、顕定は鉢形城に入城しました。

深谷市教育委員会の説明によると、榛沢御陣とは、顕定軍が布陣した所で、深谷市榛沢の五十子寄りの地であったと思われるが比定はできないとのことです。

江戸時代後期に、福島東雄が著した『武蔵志』には、五十子陣跡の調査スケッチが載っています。それによると、五十子陣本丸跡の近傍に「榛沢」と記されているのでそのあたりを指すかもしれません。

あるいは、榛沢御陣跡は、深谷市榛沢の榛沢小学校の敷地であるかもしれません。その場所は、埼玉県道八十六号線の榛沢交差点の近くにある平地で、志戸川が東半分を馬蹄形に囲っているので、往時は一応の要害であったと思われます。【第二十一段参照】

第六段　事新しく申す事に候と雖も、先年五十子御難儀の刻

本　文

雖事新申事候、先年五十子御難儀刻、道灌参陣時　景春数ヶ度、使被越、雖無益之由申候押而罷立、上田上野介在郷之地小河ニ一宿仕候処、従飯塚早朝景春罷越、堅申留候。意趣者、於御陣御屋形並典厩様、不奉洩様計略最中候、道灌参候者時儀可相違旨、様々申候処、不可承引致参陣。彼仕度之趣、軈而飯塚次郎左衛門尉ニ相知ス。然而景春お許容之儀候、於今沙汰限存計候。其時五十子様態奉見候之処、不可踵返趣候間、老父、招越屋形、奉刷候之処、如被申者、於向後景春与不可拘骨肉好とて、可打越之由候。道灌如返事者、如何雖不便存候、争御家之御難可思替候哉之由申候間、右領掌出陣。則任庵主様御時嘉例、御書相違事奉成取合、一段無為形候。

読み下し文

事新しく申す事に候と雖も、先年五十子《いかっこ》御難儀の刻、道灌参陣の時　景春数ヶ度使を越され、無益之由申し候と雖も押して罷り立ち、上田上野介在郷の地小河に一宿仕り候処、飯塚より早朝景春罷り越し、堅く申し留め候。意趣は、御陣に於いてお屋形並に典厩様《てんきゅうさま》洩らし奉

らぬよう計略最中に候、道灌参り候ば、時儀相違すべき旨、様々申し候の処、承引致すべからず参陣す。彼の仕度の趣　軈《やが》て飯塚次郎左衛門尉に相知らす。

然り而して景春を許容の儀候、今に於いて沙汰の限りと存ずるばかりに候。其の時五十子の様態見奉り候の処、踵《きびす》を返すべからざる趣候の間、老父を屋形へ招き越し刷《かいつくろい》奉り候の処、申される如くは、向後に於いて景春と骨肉の好み拘《かか》わるべからずとて、打ち越すべきの由候。道灌返事の如くは、如何に不便に存じ候と雖、争か御家の御難に思し替うべき哉の由申し候間、右領掌され出陣す。則ち庵主様御時の嘉例に任せ、御書相違の事取り合い成し奉り、一段と無為の形に候。

現代語訳

あらためて申しあげることではあるけれども、先年（文明七年）五十子陣の難儀に際して道灌が参陣したとき、景春が数度使いをよこし、（五十子へ参陣するのは）無益であるといっていたけれども、あえて出発して、上田上野介の居城小河に一泊したところ、飯塚より早朝に景春がやってきて、決然と言い留めることがありました。要するに「（五十子）御陣に於いて、お屋形（上杉顕定）と典厩様（上杉定昌）を打ち洩らさないように計略を廻らしている最中であり、道灌が参陣すればその段取りが違ってしまう（ので参陣しないでほしい）」といろいろ言ったけれども、（道灌は）そのことを承諾せずに参陣しました。彼（景春）の計略をすぐに、飯塚次郎左衛門に知らせました。

そのような経過がありながら、景春を許容したことは、今にしてみれば言語道断と思うばかりです。そのときの五十子陣の様子を考えると、引き返すわけにはいかない状況であったので、老父（道真）を屋形（上杉顕定）のところに呼び、解決策を練りました。（道真が顕定の言として）申されることは「道灌は今後景春と親類の付き合いを止めることにして、（景春のところへ）行くべきだ」とのことでありました。道灌の返事として「（家族が）いかに可哀そうだと思っても、どうして上杉家の危機に替えることができましょうか」と言ったので諒承され、（道灌は）出陣しました。（道灌は）すぐに庵主様のときのよき前例に従い（顕定と景春の）起請文をとり交わすことを成し遂げ、一日平穏なかたちにまとめたのです。

註　解

①先年＝文明七年、五十子御難儀、道灌参陣の時。

②五十子＝（いかっこ）本庄市東五十子の上杉方の陣所。利根川のすぐ南に位置し上杉方の在陣は二十年以上。

③景春＝原注「長尾左衛門尉」、長尾景春（一四四三年〜一五一四年）白井長尾家第五代当主、

父は景信、祖父は景仲。景春は景信のあとを継ぎ山内上杉家の家宰になれなかったことを怒り、文明八年六月鉢形城で決起し、生涯上杉顕定に反抗を継続。【解説参照】
④景春数ヶ度、使被越＝（景春が数ヵ度使いを越され）「被」は婉曲の意味。
⑤小河＝埼玉県小川町の中城あるいは腰越城か。中城と上田上野介との関係は、現在のところ不明。
⑥飯塚＝深谷市武蔵野。
⑦意趣＝考え、意向、魂胆。
⑧御屋形＝原注「山内顕定」。
⑨典厩様＝（てんきゅうさま）顕定の兄、上杉定昌。
⑩不奉洩様＝（洩らし奉らぬよう）討ち洩らさないよう、景春の下剋上の意思。
⑪道灌参候者＝（道灌参り候ば）、「者」は仮定を表わす接続詞。
⑫趣＝（おもむき）内容、様子、事情。
⑬軈而＝（やがて）すぐに。
⑭飯塚次郎左衛門＝原注「武蔵住人」、猪俣党の武蔵武士、上杉顕定の被官、前出の飯塚館の飯塚氏と思われます。深谷市武蔵野の萬福寺が飯塚館跡。【第十五段参照】
⑮老父＝太田道真。

⑯刷＝（かいつくろい）解決策、対応策、具体的には景春と顕定の仲裁案の作成。【第四段参照】
⑰如被申者＝（申される如くは）具申されるには、「申」は顕定に対する謙譲語、「被」は道真に対する尊敬語、「者」は主語を表す助詞。
⑱向後＝今後。
⑲骨肉＝（こつにく）親類。
⑳庵主様＝上杉憲実、原注「憲実長棟庵と号す」【解説参照】
㉑御書相違事＝協定順守の事、「御書」とは起請文、協定書、「相違」とは、相違した場合の制裁。
㉒無為＝（むい）無事、平穏。

解　説

①五十子陣城

本庄市五十子のあたりを流れる利根川の河原は、冬場は浅く徒わたりできたので、一四五六年（康正二年）頃、越後、山内、扇谷の三上杉氏と岩松氏は兵力をここに結集して五十子陣城を築き、対岸の古河公方方にそなえました。

五十子陣城跡の遺構は、本庄市東五十子の小山川と女堀川にはさまれ台地の先端にわずかに残って、城山橋の名がその所在を伝えています。

この辺りからは、上杉氏が使ったうずまき模様のかわらけが出土し、毎年十一月の本庄まつりでは、太田道灌の山車が引き廻されます。

②長尾景春下剋上の決意

一四七五年(文明七年)、長尾景春は小川で太田道灌と面談し、主家への反乱の意思を伝えました。景春が道灌に「御陣に於いてお屋形並に典厩様《てんきゅうさま》洩らし奉らぬよう計略最中に候」と直言しているので、長尾景春の決起は明確に、下剋上の始まりでありました。

道灌は、五十子陣で上杉顕定、太田道真等と打ち合わせをしたあと、景春のもとへ出陣しました。そして道灌は、顕定と景春の間の起請文を交わすよう取りもち、しばしの和平を実現しました。しかしこの和平は、かりそめのものとなり、翌々年景春は、本格的な反乱を起こします。

③道灌の忠誠心

道灌は、顕定から、景春との親類つき合いを差し止められたので、そのことを了承して景春の許へ向かいました。

このとき道灌は、長尾家出身の妻を遠ざけたと思われます。道灌の妻は、長尾家出身と思われるもののその出自の詳細は伝えられていません。平川氏系図には、道灌の後妻は斉藤小四郎基行の娘と記されています。

「骨肉」の二字の中に、この時代の女性の役割と活躍が秘められています。

④上杉憲実の努力

庵主様の嘉例とは、関東管領山内上杉憲実の時のよき事例すなわち、憲実が第六代将軍足利義教と鎌倉公方足利持氏との確執を調停したことです。持氏は義教が義持の後を継ぐと改元にしたがわず、正長年号を使いつづけたものの、上杉憲実の努力で一四三一年（永享三年）両者が和睦しました。

第七段　道灌申す如くは、景春元より器用無き為

本　文

道灌如申者、景春自元為無器用、傍輩被官狼（藉）人等遂日令倍増之間、果而不可有正体候上者、御難儀可為必定候。此時差懸天子御旗、可有御退治旨申候処、忠景心底ニ者、偏隔心様相見候。親ニ候入道者、聊示候旨却而腹立仕候。唯為不損破連連加折檻候者、心中可持直様存候歟。其後景春鉢形江罷移、深根成広枝葉候時者、既御手余見候之間、一段被和睦、先忠景暫時辺土へ相退被成取成、御無為之様異見可被申旨、屋形五十子ニ在陣之間、数ヵ度親候入道所へ申送候処、不申達候歟、無其曲候。

読み下し文

道灌申す如くは、景春元より器用無き為、傍輩被官狼藉人《ぼうはいひかんろうぜきにん》等日を遂って倍増せしむるの間、果たして正体あるべからず候上は、御難儀必定《ひつじょう》たるべく候。此の時天子の御旗を差し懸け、御退治有るべき旨申候処、忠景心底には、偏に隔心の様に相見え候。親に候入道は、聊示《りょうじ》候旨却って腹を立て仕り候。唯損じ破らずして連連に折檻《せっかん》を加え候ば、心中で持ち直すべくよう存じ候か。

其の後景春は鉢形へ罷り移り、根を深くして枝葉を広げ候時は、既に御手に余ると見え候の間、一段と和睦され、先に、忠景を暫時辺土《ざんじ》へ相退くよう取り成しなされ、御無為の様に異見申さるべき旨、屋形五十子に在陣の間、数ヵ度親に候入道の所へ申し送り候処、申し達せず候か、其の曲なく候。

現代語訳

道灌は次のように言いました。「景春は元より政務能力がなく、傍輩、被官（のうちから）狼藉人等が日を遂って倍増しているので、思ったとおり異常事態であり、（上杉家の）厄介な問題になることは間違いありません。この時天子の御旗をさし懸け、（景春を）退治するべきです」と。すると忠景は心底で、全く同意してないように見えました。親である入道は、「思いつきだ」と言って却って腹を立ててしまいました。（景春を）唯、謀反に追い込まないようにして引きつづき懲らしめていけば、心中で持ち直すと思っていたのでしょうか。

其の後景春が鉢形城へ移り、反乱の基盤を深くして勢力を広げるときは、既に手に余ると見えたので「（顕定は）一旦（景春と）和睦され、先に、忠景をしばらく辺土へ退くよう取りはからって平穏にするように（顕定に）意見をしてくれるよう」顕定が五十子に在陣している間に、（道灌が）数回、親である入道の所へ申し送りましたが、届かなかったのか、その結果は出ませんでした。

註　解

①器用＝組織統率力、政務処理能力。
②傍輩＝（ぼうはい）家中の仲間、同輩。
③被官＝（ひかん）直属の家臣。
④狼藉人＝乱暴なふるまいをする者。
⑤果而＝（はたして）懸念していたとおり、思ったとおり。
⑥不可有正体候上者＝（正体あるべからず候上は）「上者」は理由を表す接続詞。正体は正常な状態の意味。
⑦必定＝（ひつじょう）必ず、きっと。
⑧天子の御旗＝一四五五年（享徳四年）に、後花園天皇から関東管領上杉房顕に下賜された錦の御旗。【解説参照】
⑨忠景＝長尾忠景、景信の弟、景春の叔父。【解説参照】
⑩偏＝（ひとえに）ひとすじに、全く。
⑪聊示＝（りょうじ）かりそめの思いつき、いい加減、けしからん。

⑫和睦＝成敗しないこと、具体的には、景春を静観すること。
⑬隔心＝心の隔たり、同意していないこと。
⑭却而＝（かえって）そうではなく。
⑮加折檻候者＝（折檻を加え候ば）「折檻」とは、こらしめること、強く意見をすること、「者」は条件を表わす接続詞。
⑯其後景春鉢形江罷移＝（其の後景春は鉢形へ罷り移り）「其の後」とは文明八年六月鉢形城で決起の後。
⑰深根成広枝葉候時者＝（根を深くして枝葉を広げ候時は）「者」は時を強調する助詞。
⑱損破＝損じ破ること、追い詰められての反乱を起こすこと。
⑲辺土＝離れたところ、顕定の許を離れた所。

解説

①「長尾景春の乱」のきっかけ

一四七三年（文明五年）六月、山内上杉家の家宰長尾景信が死去し、その後景信の弟、総社長尾の長尾忠景が山内上杉家の家宰となりました。

景信の嫡男景春はその人事を不満に思い、文明八年六月に鉢形城で決起し、五十子の上杉陣を急襲しました。時に景春は血気盛んな三十四歳で、上野、武蔵、相模の長尾一族の被官人と傍輩たち約二千五百人を配下にして、五十子陣城に出入りする諸商人の往復通路を塞ぎました。

金山城（太田市）の岩松家の陣僧松陰は「武上相の中に於いて、景春に同道する被官の者共、尾張守（忠景）に鬱憤を含む者二三千人。（中略）その後景春の手勢二千五百余騎」（松陰私語）と記しています。長尾景春の乱の直接の原因は、景春の人事の不満であったものの、その背後には、長尾景仲、景信時代に確保した家宰の領地をはじめ国人衆の権益を失う恐れがありました。

②「天子の御旗」・隠然たる足利義政の圧力と古河公方の抵抗

『太田道灌状』には「天子の御旗を差し懸けて」という表現が類似の表現を含めて十回も使われています。御旗とは具体的には、一四五五年（享徳四年）に、室町幕府の第八代将軍足利義政の申し出により、後花園天皇から関東管領上杉房顕に下賜された、足利成氏追討の綸旨と天子の御旗です。

「天子の御旗を差し懸け」という言葉には、道灌が上杉主家を護り、さらにその上の朝廷や幕府を中心とした体制を護って、関東御静謐を実現するために兵を動かす、という意味がこめられています。

一四八六年(文明十八年)道灌没後に、道灌の詩友万里集九が記した追悼の祭文の中に「(道灌は)帝旗を護って往く」とあります。

天皇の綸旨は各地の国人衆に発給されました。古河公方・足利成氏を「犲狼《さいろう》の賊徒」(山犬やおおかみのような賊)とする朝敵の烙印は時代の機運をつくったので、成氏には相当のダメージとストレスをあたえつづけました。

その後の成氏の行動目標は、一貫して朝敵の赦免であり、都鄙の和睦実現まで二十八年間にわたり、長尾景春と連係し上杉氏と戦いながら、義政への交渉をつづけました。

現代も昔も権力者による烙印は、正邪を問わず国民に強い同調圧力を発揮しつづけます。その圧力に抗して、長年戦いつづけた足利成氏と関東の国人衆の土着性は、稀有のものでありました。

③本丸跡の文学碑

鉢形城本丸跡に立つ田山花袋作・武者小路実篤書の詩碑が、長尾景春の思いを今に伝えています。

襟帯する山河好く　雄視す関八州
古城の址空しく在り　一水尚東に流る

第八段　翌年三月道灌は駿州へ向かう

本文

翌年三月道灌者向駿州。今河新五郎殿為合力相州罷立、六月足柄ニ越、九月末為如本意、豆州北条え致参上、十月末令帰宅、其儘出頭不及候。其意趣者、他国に罷立、既及十ヶ月難儀取合候処、忠景一度不預音信候。若干公私奉成御無為不論親疎励粉骨候処、無幾程思忘、如此候之間、且恨且陣労候間、以旁儀差籠候。然而果而五十子及御難儀、翌年正月十八日東上野え被開御陣候。其刻も道灌、景春所へ、親類統訓蔵主並卜厳お越置、既屋形老父御一所候之上者、何方へ雖被移陣候、不可障申旨、様々申候之間、依不奉襲、御無為利根川越、河内移候。

読み下し文

翌年三月道灌は駿州へ向かう。今河新五郎殿に合力のため相州を罷り立ち、六月に足柄に着き、九月末本意《ほい》のごとく為し、豆州北条へ参上致し、十月末に帰宅せしめ、其儘出頭に及ばず候。

其の意趣は、他国に罷り立ち、既に十か月に及び難儀取り合い候処、忠景より一度も音信に預らず候。若干公私の御無為を成し奉り、親疎を論ぜず粉骨に励み候処、幾程もなく思い忘れ、此のごとく候の間、且は恨み且は陣労候の間、旁の儀を以て差し籠り候。

然り而して果して五十子御難儀に及び、翌年正月十八日東上野に御陣を開かれ候。其の刻も道灌、景春所へ、親類の統訓蔵主並に卜厳を越し置き、既に屋形と老父御一所に候の上は、何方へ陣を移され候と雖も、障り申すべからざる旨、様々に申し候の間、襲い奉らずに依り、御無為に利根川を越え、河内へ移り候。

現代語訳

翌年（文明八年）三月道灌は駿州へ向かいました。今河新五郎殿に味方するため相州を出発し、六月には足柄に着き、九月末に当初の目的をはたして、豆州北条へ参上し、十月末に（江戸城へ）帰城し、そのまま（五十子陣へは）出頭しませんでした。

その理由は、他国に出張し、（それ以前）既に十か月に及び（景春との）難題と取り組んできたのに、忠景からは一度も音信を頂きませんでした。若干公私の平穏を成しとげて、親類であるなしにかかわらず骨を折り励んできたのに、幾程もなく思い忘れ、このようであるので、（忠景への）不満もあり陣労もあり、いろいろのことを理由にして（江戸城に）籠っていました。

ところが果して五十子で難儀なことが起こり、翌年（文明九年）正月十八日には（顕定は）東上野に御陣を開かれました。そのときも道灌は、景春の所へ、親類の統訓蔵主ならびに卜厳を派遣し、既に屋形（顕定）と老父（道真）が一緒にいるので、どこへ陣を移されても、迷惑にならないよう、様々に申しました。そのことにより、（景春軍は顕定を）襲うこともなく（上杉氏は）無事に利根川を越え、河内へ移りました。

註　解

①翌年三月＝原注「文明八年」。
②道灌者向駿州＝（道灌は駿州へ向かう）「者」は主語を表わす助詞。
③今河新五郎＝原注「源義忠、上杉縁者」、相模守護今川義忠の従兄弟今川新五郎範満。【解説参照】
④合力＝加勢。
⑤相州＝伊勢原の扇谷上杉家の守護所。
⑥足柄峠＝当時の箱根越えのメインルート、足柄峠の標柱に「文明八年六月太田道灌が足柄峠を越えた」との記録。
⑦本意＝本心、道灌の当初目的。
⑧豆州北条＝原注「政知、号堀越御所」、伊豆の国市の伝・堀越御所。足利政知は義政の異母兄、京都天龍寺の僧であったが急遽還俗し、渋川義鏡とともに関東へ派遣。【解説参照】

⑨十月末令帰宅＝（十月末に帰宅せしむ）「令」は、名詞を動詞化する助動詞。
⑩既及十ヵ月＝前年の文明七年六月の道灌五十子参陣のときから駿河へ出発の文明八年三月までの十か月。
⑪難儀取合＝長尾景春との交渉にかかわる諸事。
⑫若干＝少し、「相当」の意味、道灌は謙遜して記述。
⑬公私奉成御無為＝幕府と上杉家のための諸事を安泰にして。「公」とは幕府の指示による諸合戦など、「私」とは関東管領上杉家のための諸事。
⑭不論親疎＝（親疎を論ぜず）原注「道灌景春と親族なり」親類であるなしに拘らず。
⑮翌年正月十八日＝文明九年一月十八日。
⑯東上野＝具体的には宿阿内城（前橋市）。
⑰統訓蔵主＝（とうくんぞうしゅ）道灌の親類、詳細不詳。
⑱卜厳＝（ぼくげん）武州江戸城歌合に参加し、歌を詠んでいるので、道潅の親類か親しい僧。
⑲河内＝宿阿内城、河内御陣、上杉顕定の亡命政権の陣所。

解　説

①太田道灌と伊勢新九郎（北条早雲）

一四七六年（文明八年）駿河守護今川義忠が戦死し、六歳の嫡男竜王丸の一派と義忠の従兄弟今川新五郎範満の一派が跡目争いを起こしました。範満の母の実家が扇谷上杉家であり、烏帽子親（元服名をつける仮親）が堀越公方足利政知でありました。

そこで堀越公方と扇谷上杉氏は、太田道灌を駿河へ派遣して問題の解決を計りました。駿河で竜王丸の伯父伊勢新九郎（北条早雲）と太田道灌が談合し、竜王丸が成人するまでの間だけ範満が駿河守護職を代行する、という妥協案で一応の決着を見ました。【司馬遼太郎著「箱根の坂」の太田道灌の章参照】

しかし最近の研究では、伊勢新九郎は太田道灌より二十四歳年少であったといわれて、道灌と新九郎の会談の信憑性が疑問視されています。

②八幡山城址

一四七六年（文明八年）三月、江戸城を出発した道灌軍三百騎（今川記）は、伊勢原の扇谷上杉氏の守護所にしばし逗留して準備をととのえ、六月に足柄峠を越えて駿河に入りました。道灌軍の駿河滞在中の駐屯地は、静岡市内にある、高さ六十四メートルの八幡山城《やはたやまじょう》であったと伝えられています。城址の静岡市の説明板に「文明八年（一四七六年）今川氏のお家騒動で、鎌倉から派遣された太田道灌の軍勢がここに布陣した。この紛争は、今川家の客将伊勢新九郎（後の北条早雲）の活躍で一応の決着を見た」と記されています。

③豆州北条、堀越公方・足利政知

一四七六年（文明八年）十月、道灌は駿河から江戸へ帰る途中、足利政知へ一部始終報告のため、堀越御所に寄りました。室町将軍足利義政から鎌倉公方として派遣された足利政知は、古河公方足利成氏の隠然たる影響力や上杉氏との関係が不調で鎌倉へ入ることができず、伊豆の堀越御所にとどまっていました。

④長尾景春の乱勃発

一四七六年（文明八年）三月、道灌は駿河へ出陣しました。その留守中の同年六月、長尾景春軍が鉢形城に決起し、五十子陣を急襲、通路を遮断しました。同年十月、道灌は駿河より江戸へ帰還し江戸城にこもりました。

その翌年一四七七年（文明九年）一月十八日、長尾景春の騎馬隊は本格的に五十子陣を攻撃しました。五十子陣は、焼き討ちにより崩壊し、山内、扇谷、越後の三上杉氏と岩松氏の全軍は、利根川をわたって上杉方の那波《なわ》氏の那波城（伊勢崎市）へ敗走しました。『松陰私語』にはこのときの情景を「まことに天地を動かし虚空を焼くのていたらくその余燼三日まで相止まず」と記されています。

山内上杉顕定は河内すなわち宿阿内城《しゅくあうちじょう》（前橋市）へ、扇谷上杉定正と太田道真は細井（前橋市）へ、越後上杉氏は白井城（渋川市）へ逃走し、岩松氏は居城の金山城（太田市）へ帰還しました。

上杉氏は河内御座すなわち宿阿内城での亡命政権となり、顕定は盛んに御證状を発給して事態の挽回をはかりました。群馬県前橋市亀里町の女体神社境内が宿阿内城の三の丸跡で、土塁が残っています。【第二段参照】

⑤関東の過半は景春方

一四七八年（文明十年）一月、関東の過半は長尾景春方に転じ、わずかに太田道灌が江戸城と河越城を支えていました。『松陰私語』にいう「尾張守（長尾忠景）に対し鬱憤を含む者、二、三千余、国家に於いて蜂起充満す」と。このとき長尾景春方に与した国人衆は多く、『太田道灌状』に記された景春与党は次のような人物でありました。

溝呂木氏（溝呂木城主）、越後五郎四郎（小磯城主）、金子掃部助（小沢城主）、矢野兵庫（小机城主）、豊島泰経（石神井城主）、豊島泰明（練馬城主）、浅羽氏（浅羽城主）、大石石見守（葛西城主）、大石駿河守（二宮城主）、長野為兼（箕輪城主、上州一揆の頭目）、海老名氏、本間氏、加藤氏（上野原城主）、大串氏、毛呂氏（毛呂城主）、小宮山氏、千葉孝胤（千葉城主）、武田信高（真里谷城主）、武田信興（長南城主）、海上師胤（飯沼城主）、古河公方とその配下の国人領主。

第九段　河内へ御移りて已後

本　文

河内御移已後、自景春所、倩大石々見守、宝相寺・吉里宮内左衛門尉差添、御当家始中終之儀尋異見候間、道灌如申者、五十子御陣事及三ヶ年被立天子御旗候之処、慮外題目故被退御陣候之上者、為利運鉢形在城不可然候。所詮此時他国へ罷退、不存緩怠旨、奉懇望候者尤候。然者於道灌可致同心候。若他国不庶幾候者、相州道志会下罷越、相憑当方致訴（訟）候者、去共可申達候歟。無其儀候者、争可被見捨候哉由申候処、不致承引候。

読み下し文

河内へ御移りて已後、景春所より、大石々見守を倩《たの》み、宝相寺・吉里宮内左衛門尉《よしざとくない》を差し添え、御当家の始中終の儀につき異見を尋ね候間、道灌申す如くは、五十子御陣の事は三ヶ年に及び天子の御旗を立てられ候の処、慮外の題目故御陣を退かれ候の上は、利運の為に鉢形在城然るべからず候。所詮は此時に他国へ罷り退き、緩怠《かんたい》在らざる旨、懇望奉り候ば尤に候。然らば、道灌は同心致すべく候。

若し他国を庶幾《こいねが》わず候ば、相州道志の会下《えげ》へ罷り越し、当方を相憑《たの》み訴訟を致し候ば、さりとも申し達っすべく候か。其儀なく候えども、争か見捨らるべく候哉の由申し候処、承引致さず候。

現代語訳

（顕定が）河内へ移られて以後、景春のところから、大石々見守が代理人として、宝相寺・吉里宮内左衛門尉を随えて、御当家（上杉家）の今後の方針につき意見を求めてきたので、道灌は次のように申しました。「五十子御陣の事は三ヶ年に及び（山内上杉家が）天子の御旗を立てられたところ、想定外のことで御陣を退かれたので、（景春の）利益のためには鉢形在城は妥当ではありません。こうなった以上は、このときに（景春は）他国へ退き、（顕定に対して）怠りなく（出仕することを）懇望すれば、道理にかなうことであります。そうすれば、道灌は（景春を）支持します。

もし他国へ行く事を願わなければ、相州道志の会下へ行って、当方（扇谷上杉家）に頼んで赦免をお願いすれば、問題があっても（定正は顕定に）上申するかもしれません。仮にそのような上申がなくとも、どうして（顕定が景春を）見捨てられることがろうか」と申したところ、承知しませんでした。

註解

①河内＝原注「上州赤城之麓河北ノ事」、宿阿内城。【第二段参照】
②大石石見守＝長尾景春与党の国人領主、葛西城主。
③倩＝（たのむ）（人に代理を）頼む。
④宝相寺＝景春の腹心。
⑤吉里宮内左衛門尉＝景春の腹心、吉里の名は、『太田道灌状』に度々登場。
⑥始中終之儀＝一連の方針、「儀」は、標準となること。
⑦五十子御陣＝文明五年十一月以来つづいた上杉方と古河公方方との紛争。
⑧慮外之題目＝想定外の問題、具体的には長尾景春の乱。
⑨被退御陣候之上者＝（御陣を退かれ候の上は）「上者」は理由を表す接続詞。
⑩利運＝よい廻り合わせ、身のためになること、利益。
⑪緩怠＝（かんたい）なすべきことを怠ること。
⑫奉懇望候者＝（懇望奉り候ば）「者」は条件を表わす接続詞。
⑬然者＝しかれば、そうであれば。
⑭若他国不庶幾候者＝（若し他国を庶幾わず候ば）、「者」は条件を表す接続詞。庶幾（ねがう）は、こい願うこと。

⑮相州道志会下＝相模原市の道志川沿いの禅寺。
⑯当方＝原注「扇谷上杉家」。
⑰憑＝（たのむ）頼む。
⑱相憑当方致訴訟候者＝（当方を相憑み訴訟を致し候ば）「者」は条件を表わす接続詞。
⑲去共＝（さりとも）そうではあっても、当て字。
⑳無其儀候者＝（その儀なきに候とも）、「者」は譲歩を表す接続語。

解　説

①景春の道灌への未練

長尾景春は、太田道灌の駿河遠征中に五十子を襲撃したので、配下の大物大石氏と腹心の吉里宮内等を道灌に遣わし、道灌へ挨拶をさせ、道灌の本心を聞きたかったのでしょう。青年時代からの戦友であった道灌の答えは、景春には聞かなくてもわかっていたので、この三人の訪問は、景春の道灌への未練の手配というべきでしょう。

②分立する大石氏（石見守、駿河守、名字中）

南武蔵の豪族大石氏においては、有力支族が分立し、各支族はお家の安泰を守るため、それぞれ独自の道を進む傾向をもっていました。『太田道灌状』には三人の大石氏が登場します。

大石石見守は、下総葛西城主で、長尾景春の代理人として長尾景春の乱のあと、太田道灌の意見を聞きにきました。【第三十段参照】

大石駿河守は文明十年、二宮城主として長尾景春に呼応して上杉方に対抗したもののすぐに降伏しました。【第二十段参照】

大石名字中は、山内上杉家の宿老として用土が原の合戦で討ち死にした大石房重の縁者、大石遠江守憲仲であると思われます。大石名字中は文明十二年、太田道灌と協力して長井城を攻略しました。【第二十六段参照】

第十段　河内御座の時分

本　文

河内御座之時分、道灌如申者、当方ニハ先有御帰国、関東不破之様被取成、連々御本復事可被廻計策旨、度々申候。二月之頃、倩梵種候テモ申送候処、其も不叶、事切之返事候之間、不及力成其略候。

読み下し文

一河内御座の時分、道灌申す如くは、当方には先ず御帰国ありて、関東破れざるのよう取り成され、連連、御本復の事の計策を廻らされるべき旨、度々申し候。二月の頃、梵種を倩《たの》み候て送り申し候処、其も叶わず、事切れの返事候の間、力及ばず其の略を成し候。

現代語訳

（顕定が）河内の仮本陣に在陣のときに、道灌が（顕定に）「当方（扇谷家）を先ず帰国させ、関東が崩壊しないように段取りをされ、引きつづき、（顕定が）元にもどるように計策を廻らされるよう」にと度々申しあげました。

（文明九年）二月の頃、梵種を代理人として送りだしたところ、それも叶わず、（顕定から）「（景春と）断交になった」という返事がきたので、（道灌の）力は及ばず、その戦略を実行することになりました。

註　解

①当方＝原注「扇谷」。
②御本復＝長尾景春の乱以前の状態にもどすこと。
③「被取成」＝（取り成され）「被」という尊敬を表す助動詞があるのでその主語は、管領の上杉顕定。
④「可被廻計策」＝（計策を廻らされべき）同様に主語は顕定。
⑤二月之頃＝文明九年二月の頃。
⑥梵種＝（ぼんしゅ）道灌の代理人、詳細不詳。
⑦事切之返事＝断交の返事。【解説参照】
⑧其略＝道灌の景春軍追討戦略。

解　説

①「**河内御座の時分**」

上杉顕定が宿阿内城の仮本陣にいたのは、一四七七年（文明九年）一月十八日から五月中旬までの約四ヵ月間で、四か月の亡命政権でした。同年五月十三日道灌は、両上杉氏を五十子近くの清水河畔御陣に迎え、用土が原合戦に備えました。【第二段参照】

②「**事切れの返事**」

「事切れの返事」という言葉からは、長尾景春の関東管領上杉顕定また家宰の長尾忠景に対する強い不信感と断固たる決意が伝わってきます。

道灌は景春に、道志の会下で反省して出直すように勧めたものの、景春には反省の気持ちは毫もなく、反乱こそ道理であると考えていたのです。

『上杉定正消息』によると、長尾景春は、道灌没後の「長享の乱」で上杉定正側につき、顕定軍に対抗して目覚ましい活躍をしています。したがって長尾景春の乱の根源はやはり、景春の上杉顕定への反感であったと思われます。

第十一段　江戸近所

本文

江戸近所、豊島勘解由左衛門尉同弟平右衛門尉両所構対城候之間、江戸、河越通路依不自由、先勘解由左衛門尉要害以可令落居分、相州勢衆ヲ密々途中え召越、三月十四日可致夜詰行候之処、大雨降候而多破河増候間、調儀令相違候。

読み下し文

江戸近所、豊島勘解由左衛門尉《かげゆさえもんのじょう》と同弟平右衛門尉、両所に対城を構え候の間、江戸、河越の通路不自由に依り、先に勘解由左衛門尉の要害を落居《らっきょ》せしむべき分を以って、相州勢衆を密々に途中へ召し越し、三月十四日夜詰致すべく行《てだて》候の処、大雨降り候て多破河《たはかわ》増し候間、調儀相違せしめ候。

現代語訳

江戸の近所、

豊島勘解由左衛門尉と同弟平右衛門尉は、両所に対城を構えたので、江戸、河越の間の通路が不自由になりました。先ず、勘解由左衛門尉の要害を落城させようとして、相州の兵を密かに途中へ呼び寄せ、(文明九年)三月十四日に夜襲をかけようと段取りを整えていたところ、大雨が降って多摩川が増水したので、作戦を実行できなくなりました。

註解

①江戸近所＝江戸城の近く、江戸城址は東京都千代田区。【解説参照】
②豊島勘解由左衛門尉＝豊島泰経、石神井城主。石神井城址は東京都練馬区。【解説参照】
③平右衛門尉＝豊島泰明、泰経の弟、練馬城主。練馬城址は東京都練馬区。
④両所＝原注「石神井、練馬」東京都練馬区の石神井と練馬。石神井城址は今日、練馬区の石神井公園となっています。また練馬城は、練馬区の豊島園となり、さらに近年練馬城址公園と変貌しています。
⑤対城＝(たいのしろ、むかえじろ)対の城、対抗するための城、具体的には石神井城と練馬城。
⑥江戸、河越＝江戸城と河越城、長禄一年、古河公方に対抗するため、江戸城は道灌が中心となり、河越城は太田道真が中心となり上杉方が総力をあげて築城。
⑦落居＝(らっきょ)落城、結着。

⑧分＝考え、作戦。
⑨相州勢＝伊勢原の上杉兵。
⑩夜詰＝（よずめ）夜襲。
⑪多破河＝（たはがわ）多摩川。
⑫調儀＝計画、戦術。

解　説

①「江戸近所」

太田道灌は、一四五七年（長禄一年）上杉氏の命で、古河公方方の千葉氏に対抗するため江戸城を築城しました。彼の築城法はいわゆる「道灌がかり」連郭式縄張りです。当時の江戸城は、平川、局沢川《つぼねさわ》、日比谷の入り江、神田の山にかこまれた難攻不落の堅城でした。

道灌は、江戸築城後に統治範囲を次第に拡大しました。江戸城西方の砦、矢倉台（杉並区）、北方の砦、稲付城（北区）のあたりまでが、江戸城の統治範囲すなわち江戸近所であったと思われます。したがってほぼ、今日の環状八号線が道灌の西北方の統治地域の境界線で、その近くに石神井《しゃくじい》城、練馬城がありました。豊島氏はこの両城を対城とし、上杉方の拠点江戸城を封鎖して道灌の動きを封じ込めようとしました。

②「江戸、河越間の通路不自由」

江戸、河越間の通路は、ほぼ今日の川越街道で、不自由とは交通遮断による軍事、経済、通信の封鎖でした。封鎖の開始時期は、一四七七年（文明九年）三月と思われます。

四月十日には、小机城の矢野兵庫の軍勢が、河越城をめざして北上しています。長尾景春方は、上杉方の残された二大拠点、江戸城と河越城をほぼ同時に攻撃する作戦をたてていました。

景春方は、その前年六月に五十子陣城を急襲した際にも先ず、諸商人の往復通路を遮断しました。通路封鎖は、景春方の常套作戦であったようです。

ちなみに、豊島泰経の妻は、長尾景春の妹であったと伝えられています。

③武蔵の名族・豊島氏

石神井城主・豊島氏は、桓武平氏の流れをくむ名門の国人領主で、平安時代より武蔵東部に一大勢力を誇っていました。豊島氏の勢力は今日の日暮里の台地から西が原、滝野川台地を経て王子、稲付におよび、足立、葛飾の田園地帯にも進出し、さらに西方の石神井川流域深くその所領を広げていました。新興勢力であった太田氏は、日暮里台地や稲付台地などで出城をめぐって、豊島氏との対立があったと思われます。

第十二段　相州には景春被官人溝呂木

本文

相州ニハ景春被官人溝呂木、在所を拵え要害候。越後五郎四郎者、小磯与申地構山城候。景春傍輩ニハ金子掃部助、在所小沢与申所ヲ拵要害候間、所詮自彼国可致手始与存、置途中勢衆、三月十八日溝呂木要害え差遣候之間、令自火没落。当日小磯要害差寄、終日相攻、及晩五郎四郎令降参候。其後向小沢城雖張陣、難儀之間、急度不事行候キ。

読み下し文

相州には景春被官人溝呂木、在所を要害に拵《こしら》え候。越後五郎四郎は、小磯と申す地に山城を構え候。景春傍輩には金子掃部助《かもんのすけ》、在所小沢《こさわ》と申す所を要害に拵え候間、所詮は彼の国より手始め致すべきと存じ、途中に置く勢衆を、三月十八日溝呂木要害へ差し遣せ候の間、自火せしめ没落。当日小磯要害へ差し寄せ、終日相攻め、晩に及び五郎四郎降参せしめ候。其の後小沢城へ向い陣を張ると雖も、難儀の間、急度《きっと》事行れず候き。

現代語訳

相州（相模）では景春の家臣溝呂木が、居住地を要害にこしらえました。越後五郎四郎は、小磯という地に山城を構えました。景春の仲間では金子掃部助が、居住地の小沢という所に要害を築きました。こうなった以上は、相州より攻め始めるべきと考え、途中に置く（相模の）軍勢を、（文明九年）三月十八日溝呂木要害へ派遣したので、（溝呂木氏は）自ら城に火をつけて没落しました。当日小磯要害へ押し寄せ、終日攻め、夜になって五郎四郎を降参させました。その後小沢城へ向って布陣したものの攻めあぐんだので、すぐには落城させることはできませんでした。

註　解

①相州＝相模。【解説参照】
②溝呂木＝溝呂木正重、景春配下の国人、溝呂木城址は、神奈川県厚木市の相模川、中津川、小鮎川の合流地点と推定。【解説参照】
③越後五郎四郎＝景春与党の国人、詳細不詳。
④「小磯与申地」＝（小磯と申す地）「～与」は「～と」と読む助詞。
⑤小磯＝小磯城（大磯城）、小磯城址は、現在神奈川県立大磯城山公園、旧三井財閥の庭園。

⑥金子掃部助＝（かねこかもんのすけ）長尾氏配下の国人、金子氏は武蔵武士、村山党の一族、本貫の地は入間市金子、ＪＲ八高線の金子駅周辺。
⑦小沢＝（こさわ）小沢城、小沢古城址は、神奈川県愛川町の高田橋のたもとの諏訪神社周辺、城主は金子掃部助。
⑧自火＝自ら火をつけること。
⑨張陣＝（じんをはる）兵を展開する。鶴翼の陣、魚鱗の陣など。
⑩急度不事行候キ＝（急度事行れず候き）「急度〜不」の句法は「必ずしも〜ない」という一種の部分否定。「急度」は、すぐに、必ず、の意。助動詞「候」には過去形がないので、過去を明示するため、便宜的に「キ」が、書写の際に加えられたか。

解　説

①『太田道灌状』の中の相州と鎌倉

相州という地名で道灌は、しばしば神奈川県の相模川以西すなわち伊勢原地域を指しました。溝呂木城、小磯城、小沢城はみな相模川の西側であるので「途中に置く勢衆」とは伊勢原の兵を指していると思われます。

第三十五段では、鎌倉と相州が併記されているので、道灌は、鎌倉を相州に含めていませんでした。

②電光石火の道灌戦略

一四七七年（文明九年）三月十八日道灌は、相模の溝呂木城、小磯城を攻撃してこれらを一日で陥落させました。次いで小沢城を攻めたものの、相模川沿いの要害であったため、少勢の道灌軍は攻めあぐみ、一か月後の文明九年四月十八日になってようやく落城させました。

多摩川増水で、状況が変わったので道灌は、臨機応変にすぐ作戦変更をしました。このように素早い判断と行動が、道灌軍不敗の原動力でした。

③溝呂木一族と磯部城

溝呂木城落城後に溝呂木一族は、相模川上流の磯部へ移動して磯部城（相模原市）に拠りました。

磯部城址には土塁が残り、近くには今も溝呂木姓の家がたくさんあります。溝呂木家の古老の言い伝えによると、溝呂木氏の先祖は室町時代に半農半武士の地侍で、最初に厚木の溝呂木城に籠ったが、太田道灌軍に攻められて支城の磯部城へ逃げてきました。のちに道灌軍が小沢城を攻めるとき、後詰めを断つため磯部城も攻めたので、溝呂木氏はすぐに降参しました。

④館、要害、郭、城等

中世武士たちの城館は、さまざまに呼ばれています。

館＝板塀、築地、堀等で囲まれている居住施設。

要害＝険しい地勢の処に土塁や堀が築かれ、戦の時に籠る非日常的な軍事施設。

郭、曲輪、城＝要害に、日常生活的な機能を加えた、永続的な総合施設。

根小屋＝山城などのふもとにある平時の居住施設。

『太田道灌状』第十五段では小沢要害と小沢城、第二十六段では日野要害と日野城が同時に使用されています。

第十三段　当方元より無勢に候の上、河内へお供し

本　文

当方自元無勢候之上、河内へ致供、又上田入道並同名図書助勢衆相添、河越ニ差置候。相州衆少々当国者共相加、向小沢城在陣。江戸ニハ纔勢衆候之間、刑部小輔並三浦介招越、一所ニ相談時節、吉里以下小沢陣為後詰、当国府中取陣、小山田相散、相州及難儀候。矢野兵庫助以下者、河越城為押苦林陣張候処、河越留主之衆、四月十日打出、彼陣際相散、招出凶徒お勝原令合戦、得勝利候。

読み下し文

当方元より無勢に候の上、河内へお供致し、又上田入道並に同名図書助に勢衆を相添え、河越に差し置き候。相州衆に少々当国の者共を相加え、小沢城へ向い在陣す。

江戸には纔《わず》かの勢衆に候の間、刑部小輔《ぎょうぶのしょうう》並びに三浦介を招き越し、一緒に相談せし時節に、吉里以下は小沢陣後詰のため、当国府中に陣を取り小山田を相散し、相州難儀に及び候。

矢野兵庫助以下の者、河越城押えのため、苦林《にがばやし》に陣を張り候処、河越留主の衆四月十日に

打ち出で、彼の陣際を相散らし、凶徒を勝原《すぐろはら》へ招き出して合戦せしめ勝利を得候。

現代語訳

当方（扇谷家）は元より無勢である上、河内へ兵を派遣し、加えて上田入道並に太田図書助に軍勢をそろえて河越城に留めておきました。相州の兵に少々武蔵の者達を加え、（道灌は）小沢城へ向い在陣しました。

江戸城にはわずかの軍勢しかいなかったので、刑部小輔並びに三浦介を招き、一緒に相談していたときに、吉里以下は小沢陣の後詰のため、当国府中に陣をとり小山田衆を蹴散らし、相州は難しい状況になりました。

矢野兵庫助以下の者は、河越城攻撃のため、苦林に陣を張ったところ、河越留守の兵が（文明九年）四月十日に出撃し、その（苦林）陣周りの敵を追い散らし、敵兵を勝原へおびき出して合戦をして勝利を得ました。

註　解

①河内＝河内御座すなわち宿阿内城（前橋市）、上杉顕定の亡命政権の陣所。【第二段参照】

②上田入道＝原注「（武州）松山城主」上田上野介、扇谷上杉家重臣、道灌の盟友。

③同名図書助＝原注「道灌弟」太田資忠、同名は同族の意味。
④当国＝原注「武州」、武蔵国。
⑤纔＝（わずか）少し。
⑥刑部小輔＝（ぎょうぶのしょう）原注「定正の弟朝昌」、上杉定正の弟、朝昌、七沢城を守備し後に大庭城を守備、朝昌の次男の朝良は定正の養子。
⑦三浦介＝原注「時高の子義同」、三浦義同、太田道灌の実子資康の舅。
⑧吉里＝吉里宮内、長尾景春の腹心。
⑨小山田＝小山田城、現在の町田市下小山田の大泉寺の寺域。
⑩矢野兵庫（助）＝原注「小机城主」。
⑪河越留主衆＝原注「図書助等」太田資忠と上田上野介の軍勢。
⑫苦林＝（にがばやし）埼玉県毛呂山町川角。
⑬勝原＝（すぐろはら）坂戸市勝呂、平安末期より須黒（勝、勝呂）氏が居住。

解説

①当方元より無勢に候

道灌は『太田道灌状』の中で「当方元より無勢」と繰り返し述べています。道灌の盟友大森氏頼の「大森教訓状」には「上杉の棟梁（上杉顕定）しかる間諸家彼の旗本を守り、尊敬比類無く、御勢二十万騎と云々、扇谷の御事は、僅かに百騎計りに候」と記されています。道灌は、扇谷上杉家の少ない兵力をやりくりして、必死になって各地で各個撃破の戦をつづけました。【第三十七段参照】

②関東・緊迫した状況

原注に「此の時関東過半敵に心を寄越す。敵軍に組みせざる者は、江戸、河越のみ」とあります。この頃、太田道灌がわずかに河越城と江戸城を支えていました。道灌軍は一カ月も小沢城（愛川町）を包囲し、苦戦をつづけました。小山田城（町田市）は上杉氏の守備兵が守っていたものの、小沢城後詰めの吉里軍に蹴散らされ、相州、武蔵とも緊迫した状況になりました。

この段で道灌は、城攻めに「在陣」、後詰めに「取陣」、野戦に「張陣」という言葉を使っています。

③勝原の戦い・太田家の足軽戦法

一四七七年（文明九年）四月十日、矢野兵庫助の軍勢は、上杉方の拠点であった河越城を攻略するため小机城（横浜市）より北上したものの、城から打ち出た太田資忠軍と苦林（毛呂山町）で遭遇し、さらに勝原（坂戸市）までおびき寄せられました。資忠は、勝原という縁起のよい地名の場所のすすき野原に、あらかじめ足軽隊を隠しておきました。追跡してきた矢野軍は、突然馬を返した資忠軍の足軽隊に討たれたと思われます。

孫子の兵法にいわく「戦いの地を知り戦いの日を知れば、即ち千里にして会戦すべし」と。当時勝原は、「すぐろのすすき」と歌枕にもなっていた薄《すすき》の名所でした。太田道灌とほぼ同年の巡礼僧、聖護院道興准后はその旅日記「廻国雑記」に次のように記しています。

「すぐろといえる所に到りて名に聞きし薄などたずねて詠める、

旅ならぬ袖もやつれて武蔵野やすぐろの薄霜に朽ちにき」

勝原古戦場は、埼玉県坂戸市勝呂の勝呂神社のあたりの平原で、そこには薄が密生していたと思われます。

第十四段　同十三日江戸より打ち出で

本　文

同十三日自江戸打出、豊島平右衛門尉要害、致矢入、近辺令放火打帰候処、兄勘解由左衛門尉相共、石神井、練馬自両城打出、襲来候之間返馬、於江古田原令合戦得勝利候。平右衛門尉以下数十人討取、翌日石神井要害押寄、一往之儀候上、可服先忠旨相和候処、十八日罷出対面仕候。此上者可崩要害旨申候処、結句相誘偽歴然候之間、二十八日外城攻落候。然間其夜中令没落候。

読み下し文

同十三日江戸より打ち出で、豊島平右衛門尉の要害に、矢入れを致し、近辺に放火せしめ打ち帰り候処、兄勘解由左衛門尉と相共に、石神井、練馬両城より打ち出で、襲い来り候の間馬を返し、江古田原に於いて合戦せしめ勝利を得候。平右衛門尉以下数十人を討ち取り、翌日石神井要害へ押し寄せ、一往之儀候上は、先忠に服すべく旨相和し候処、十八日に罷り出でて対面仕り候。この上は要害を崩すべき旨申し候処、結句は相誘《おび》き偽り歴然に候の間、二十八日外城を攻め落し候。然る間其夜中に没落せしめ候。

現代語訳

（文明九年四月）十三日、（道灌は）江戸より打ち出で、豊島平右衛門尉の要害に矢入れをし、近辺に放火して帰ったところ、兄勘解由左衛門尉とともに、（平右衛門尉は）石神井、練馬両城より打って出て、（道灌軍を）襲ってきたので馬を返し、江古田原において合戦をして勝利を得ました。（道灌軍は）平右衛門尉以下数十人を討ちとりました。翌日石神井要害へ押し寄せると、（豊島方は）降伏の格好を見せたので、先忠に復すべきであると（確認して）和睦し、（勘解由左衛門尉は）十八日に出てきて（道灌と）対面しました。この上は要害を壊すべきであると申したところ、結局は誘きと偽りが歴然となったので、二十八日に外城を攻め落しました。そのようなわけで（勘解由左衛門尉は）其の日の夜中に没落しました。

註解

①返馬＝（馬を返す）馬返しの策、いわゆる足軽戦法。【解説参照】
②江古田原＝江古田原古戦場跡、現在の東京都中野区江古田公園。
③石神井要害＝石神井城、現在の東京都練馬区石神井公園三宝寺池の隣接地。
④一往の儀＝調った作法、降伏の格好。【第三段参照】
⑤先忠＝上杉家への忠誠。

⑥誘＝（おびく）だまし誘う。
⑥外城＝石神井城大堀の外側の陣構え。
⑦然間＝（しかるあいだ）そういう訳で、理由を表す副詞。
⑧没落＝城から落ちていくこと。

解　説

①長尾景春方の同時多発攻撃

一四七七年（文明九年）一月十八日、長尾景春が五十子を急襲、上杉氏は逃亡。

同年三月、豊島氏は江戸城と河越城の間の通路を封鎖。

同年三月十八日、道潅軍は相模の溝呂木城、小磯城、小沢城を攻略、この頃景春腹心の宮里宮内が小山田要害を攻略し、小沢城の後詰めをする。

同年四月十日、小机城主矢野兵庫の軍勢が河越城へ向かって進軍し、勝原で太田資忠、上田上野介軍に敗れる。

同年四月十三日、江古田が原・沼袋の戦、道灌軍は豊島軍を破る。

同年四月二十八日、道灌軍は豊島氏の石神井城を落とす。

石神井城の豊島氏と小机城の矢野氏は談合し、ほとんど同時に江戸城と河越城を攻撃し、上杉方の残った拠点を崩そうとしました。道灌は、少ない兵力をやりくりしながら弟の資忠と、勝原と江古田が原で二正面作戦を断行し、各個撃破しました。もし道灌軍がこの二カ所で敗れると、上杉方の武蔵の拠点は消滅するところでありました。

②江古田が原合戦・道灌軍の進攻ルート

一四七七年（文明九年）四月十三日、道灌軍は、江戸城から妙正寺川に沿って江古田が原へ向かったと思われます。そして道灌は源氏の故事にならい、途中沼袋氷川神社（練馬区）で戦勝祈願をして杉の木を一本献植しました。その「道灌杉」は巨木になったものの昭和十九年ころ枯れ、今は根っ株だけが大切に保存されています。

現在の道灌公園（杉並区）、道灌橋公園（杉並区）のあたりが道灌軍布陣の地と思われます。江古田が原の合戦後に道灌軍は、愛宕山（現・早稲田高等学院敷地）に布陣し、石神井城を攻撃しました。

③足軽戦法・太田道灌の馬返しの策

道灌軍は、敵軍を平原に誘き出してから馬を返し、枯れ薄《すすき》の中に伏していた足軽隊により弓矢で急襲し、先ず馬を倒し、ついで馬上の武者を討ち取りました。

『太田道灌状』には、度々「馬を返して」という表現がでてきます。この段の「馬を返し、江古田原において合戦せしめ勝利を得候」とは、道灌の足軽戦法を述べている部分です。

道灌は、江戸城で農民を訓練して足軽として取りたて（梅花無尽蔵）、足軽隊により騎馬隊を撃破していきました。道灌はたびたび「当方元より無勢に候」と述べながらも三十連勝しています。道灌の足軽戦法は、発想の転換によるゲームチェインジャーでした。

④太田道灌の実効支配地

「豊島区史」によると、没落した豊島氏の旧領は武蔵国のうち豊島、足立、新座、多摩の四郡の五万七千五百石であり、その多くは太田領になったと思われます。太田道灌の実効支配地増大が後に、上杉氏の道灌に対する恐怖心や猜疑心を引き起こす要素になったと思われます。

後北条氏の「小田原衆所領役帳」（一五四一年）によると、道灌の曽孫太田康資の所領は、直轄地（広沢、岩淵、志村、平塚、豊島、雑司ヶ谷、石神井など）として九百三十一貫三百八十四文、寄子衆分として四百八十八貫九百文、同心方分として約五十七貫文などで、合計約二千貫文です。それらは概ね、道灌の所領を受け継いだものと思われます。

第十五段　相州小沢要害

本　文

相州小沢要害、同十八日攻落候。如此励武略御迎参、奉引越利根河、五十子可被成御陣所旨存候処、景春上州勢引率、五十子・梅沢差寄張陣候。忠景如被申者、梅沢へ可懸之由、切所事候之間不可然候。道灌如存者、自次郎丸打上鉢形而、御敵陣間へ可入馬様成威候者、確御敵原中可打出候歟。於途中可有御合戦旨存、十四日暁者、忠景不及相談打出候処、臨其期様々被申候キ。清水河畔御陣場之事者、彼大河被成前候之間、其日も御滞留候者、可為御難儀旨存申払、次郎丸へ打立候間、被進御旗候。如案凶徒随其行候間、至用土原被返御馬、於御眼前各擢手、討亡大軍。向残党等富田ニ被陣張候処、古河様御発向、自後以数千騎被襲来候之間、御陣為難被抱、可被引退趣御内談候処、或者乍御両所、河越・江戸両城へ可被入申仁モ候、或屋形様者上州御移、当方者河越可打帰旨申族も候、道灌者、御一所ニ上州え可有御移旨申候。上田上野介一人同心仕候。

読み下し文

相州小沢要害を同十八日に攻め落し候。斯くの如く武略を励まし御迎えに参じ、利根河を引き越し奉り、五十子を御陣所と成さるべく旨存じ候処、景春上州勢を引率い、五十子・梅沢へ差し寄せ陣を張り候。忠景申される如くは、梅沢へ懸かるべきの由、切所の事に候の間然るべからず候。

道灌存ずる如くは、次郎丸より鉢形に打ち上げて、御敵陣の間へ馬を入れるべく様の威しを成し候ば、確かに御敵は原中へ打ち出すべく候か。途中に於いて御合戦あるべく旨存じ、十四日暁には、忠景に相談に及ばず打ち出で候処、其の期に及んで様々に申され候いき。清水河畔の御陣場の事は、彼の大河を前に成され候の間、其の日も御滞留候ば、御難儀となるべく旨存じ申し払い、次郎丸へ打ち立ち候間、御旗を進まされ候。案の如く凶徒その行に随い候間、用土原に至りて御馬を返され、御眼前に於いて各々手を摧《くじ》き、大軍を討ち亡しぬ。

残党等に向って富田に陣を張られ候処、古河様が御発向、後より数千騎を以って襲来され候の間、御陣抱られ難き為、引き退かれるべき趣御内談候処、あるいは御両所ながら、河越・江戸両城へ入らるべく申す仁《じん》も候、あるいは屋形様は上州へ御移り、当方は河越へ打ち帰るべき旨申す族《やから》も候、道灌は、御一所に上州へ御移り有るべく旨申し候。上田上野介一人同心仕り候。

現代語訳

（道灌は）相州小沢要害を同（文明九年四月）十八日に攻め落しました。このように武勇に励んで（顕定を宿阿内城へ）お迎えに参り、利根川を先導して越え、五十子を御陣所としていただくよう考えていたところ、景春が上州勢を率い、五十子の梅沢へ攻め寄せて布陣しました。忠景が具申して、梅沢へ攻め懸かるべきと主張したものの、そこは難所であったので妥当ではありませんでした。

道灌の考えは、（用土原の）次郎丸より鉢形城へ向かって攻めこみ、敵陣の間へ馬を入れようと威しをかければ、間違いなく敵は平原へ出てくるであろうということでした。その途中において合戦するべきと考え、（五月）十四日暁には、忠景に相談せず出発したところ、其の期に及んで（忠景は）様々に申されました。

清水河畔の御陣場の事は、あの大河を前にしているので、（顕定が）その日も御滞在すれば危険なことになると（道灌が）申し、陣払いをして次郎丸へ出発したので、（顕定は）御旗を進められました。予想通り敵軍は誘き出しにはまったので、用土原にきて（顕定は）御馬を返され、（上杉軍は）御眼前において各々を打ち負かして大軍を討ち亡しました。

残党等に対して（上杉方が）富田に陣を張ったところ、古河様が御出陣し、後方より数千騎をしたがえて襲来されました。（上杉方の）陣は持ちこたえることが難しいので、退却するよう御相談していたところ、あるいは御両所（顕定と定正）とも、河越、江戸両城へ入られるよう主張する者もいて、あるいは屋形様（顕定）は上州（白井城）へ御移り、当方（定正）は河越へ帰るべきだと言う者もいました。道灌は、（二人とも）御一緒に上州へ移られるよう申しました。（その案に）上田上野介一人が賛成しました。

註　解

①上州勢＝長尾景春に与同した上州一揆の長野為兼等。
②梅沢＝本庄市日の出町四丁目（旧小字名は梅沢）、五十子陣の近く。
③次郎丸＝用土が原の西端の次郎平であると推定。【解説参照】
④鉢形而＝（鉢形に）「而」は目的地を表す助詞。
⑤御敵陣間へ可入馬様成威候者＝（御敵陣の間へ馬を入れるべく様の威しを成し候ば）「者」は条件を表す接続詞。
⑥原中＝（はらなか）平原、用土原のこと。
⑦御合戦＝この戦は名目上、関東管領の上杉顕定が指揮官であったので丁寧語（美化語）を使用。
⑧十四日暁者＝（十四日の暁には）「者」は時を強調する助詞。

⑨清水河畔の御陣場＝烏川（からすがわ）（現・利根川）を前にした本庄市御陣場、現在、近くに清水川という小さな川があるものの当時の清水河かどうか不明。
⑩大河＝烏川（現・利根川）、往時は、広瀬川が旧利根川。
⑪払＝（はらう）陣を払う。
⑫行＝（てだて）作戦、段取り、「行に随い」とは、作戦にはまったこと。【第一段参照】
⑬旗＝天子の御旗、【第七段参照】
⑭用土原＝（ようどはら）埼玉県寄居町用土、寄居町の北部。【解説参照】
⑮被返御馬＝（御馬を返され）馬返しの策、足軽戦法。【第十四段参照】
⑯摧手＝（手をくじく）戦で打ち負かす。
⑰富田＝埼玉県寄居町富田、男衾自然公園付近か。
⑱引退＝（引き退く）退却する。
⑲御両所＝上杉顕定と上杉定正。
⑳或者＝（あるいは）当て字。
㉑乍＝（ながら）そのままそっくり、接尾語。
㉒仁＝（じん）人、丁寧な呼び方。
㉓族＝（やから）仲間、気安い呼び方。

解　説

①道灌の尽力

関東管領上杉顕定が、河内御座の仮本陣にいたのは、文明九年一月十八日から五月中旬までで、約四か月の亡命政権でありました。道灌は、四月十八日に小沢城を攻略し、五月には、河内（宿阿内城）へ顕定を迎えにいきました。道灌は、河内御座が安泰であるよう種々手を尽くしたのみならず、わざわざ両上杉氏を河内まで迎えに行き、利根川を先導して五十子陣の近くの清水御陣まで護衛したのです。大河のほとりが安泰の場所ではないので、上杉軍は、翌日すぐに陣払いをして用土原へ向かいました。

②用土が原の合戦

一四七七年（文明九年）五月十四日のこの戦の戦場は、用土原（寄居町）から針谷原（深谷市）、岡部原（岡部町）に至る広い地域でした。

用土原の合戦は「大軍を討ち亡しぬ」と記されているとおり、上杉方と景春方が総力を挙げて戦った決戦で、山内上杉家の重臣大石房重や景春方の有力者長野為兼が討ち死にする程の激戦でありました。「（顕定は）御馬を返され」と記されているので、上杉方はここでも足軽戦法を大規模に展開したと思われるものの、その戦の全容はいまだ明らかではありません。

用土の古老は、かつてこの地を開拓したとき、多くの馬の骨やさびた槍などが出た、という土地の言い伝えを語って、その場所へ案内してくれました。

③次郎丸

「先ずその愛するところを奪えば即ち聴かん」という孫子の兵法により、道灌軍は次郎丸より長尾景春の根拠地鉢形城へ進軍したので、景春軍は用土が原へ出てきました。

次郎丸は現在の寄居町の小字の次郎平と推定します。土地の人たちは「じろべい」と呼んでいます。次郎平の隣接地は美里町飯塚です。したがって次郎平は、飯塚次郎の領地内の駐屯地であったと思われます。

次郎丸とはいわゆる開発領主の土地命名のなごりです。「丸」は子供、刀や土地などにつける愛称語尾です。

五月十四日暁に道灌は、どちらかというと格上の山内上杉家の家宰長尾忠景に相談せずに出陣し、勝利を得ました。地理にも兵法にも疎い忠景を無視したことは、上杉方の勝利のために、やむを得ない緊急判断であったものの、道灌と忠景との間の確執を深めました。

④古河様御発向

鎌倉公方足利成氏は、享徳の乱（一四五四年）で関東管領上杉憲忠を、鎌倉西御門の館へ招いて討ちました。成氏は翌年、朝敵の烙印を押され古河城へ移動し古河公方となりました。以来利根川をはさんで、公方方と上杉方の対立はつづきました。

一四七七年（文明九年）五月古河公方足利成氏は長尾景春からの援軍要請を受けて、結城、那須、佐々木、梁田、一色などの諸将の兵数千騎を率いて古河城より出陣し、おそらくは滝御陣（高崎市）で体制を整えて、用土原へ近づいてきました。道灌は、成氏軍到着前に、景春軍との戦の決着をつけようと奮闘しました。

また道灌は、戦う相手の古河公方に対しても敬意を表して「古賀様御発向」という丁寧語を使っています。道灌の政治思想は「都鄙の和睦」であったので、敵味方を問わず、足利成氏など将軍の連枝に対しては敬意の念を持ちつづけていました。このような表現は、『太田道灌状』に一貫しています。

第十六段　白井に於いて徒に日数を送られ

本　文

於白井徒被送日数、諸勢及難儀候上、東上野打出、少々敵境領掠取、堪忍候者、定自滝御陣、被分御勢候歟、不然御発向候歟。可為両篇旨候間、切所へ引上廻行、守時節差懸候者、縦雖御方無勢候、於勝利者為必定旨存、九月二十七日白井お被立候。御自身御出、御留候共軍勢既致歇落候者、不可有其曲旨存、強而片貝出陣候。十月二日道灌荒巻江上、並引田辺陣場等見廻、其心当候処、如案結城、両那須、佐々木、横瀬、其他彼之国諸勢申請、景春並同名六郎多勢以寄来候。兼而覚悟前候之間、塩売原へ打上、引田切所を当前陣取、被出天子御旗候者、其時可及合戦旨存候処、聊示（爾）趣異見被申方共候歟。無其義候之処、十一月十四日御敵令退散候。細井辺ニ用水掘候。於其前後追懸致可合戦旨存候処、忠景陣所相隔候之間、打著ヲ相待候故押延候。於于今無念候、下野辺者其儘直致帰国候。

読み下し文

白井《しろい》に於いて徒《いたずら》に日数を送られ、諸勢難儀に及び候上、東上野へ打ち出で、少々敵の境領を掠《かす》め取り、堪え忍び候えば、定めて滝の御陣より、御勢を分られ候か、然らざれば御発向候か。両篇たるべく旨候間、切所へ引上げ行を廻らし、時節を守り差し懸り候ば、縦え御方無勢に候と雖も、勝利者たるは必定の旨に存じ、九月二十七日白井を立たれ候。御自身御出でて、御留め候共軍勢既に歇落ち致し候ば、其の曲あるべからざる旨存じ、強いて片貝へ出陣し候。

十月二日道灌は荒巻へ上り、並びに引田辺の陣場等を見て廻り、其の心当て候処、案の如く結城、両那須、佐々木、横瀬、其他彼の国の諸勢申し請い、景春並びに同名六郎多勢を以って寄せ来り候。兼て覚悟の前に候の間、塩売原《しおうりはら》へ打ち上げ、引田の切所を前に当てて陣を取り、天子の御旗を出され候ば、其の時合戦に及ぶべき旨存候処、聊示《りょうじ》の趣で異見申されるる方共候か。其義なく候の処、十一月十四日御敵退散せしめ候。

細井辺に用水掘候、其の前後を追い懸け合戦致すべき旨存じ候処、忠景陣所を相隔て候の間、打ち著きを相待ち候故押し延べ候。今に於いても無念に候。下野辺りは其儘にして直ちに帰国致し候。

現代語訳

（顕定は）白井に於いて徒らに日数を送られ、諸勢の物資が欠乏してきたので、東上野へ打ち出で、少々敵の領域で掠め取り、堪え忍んでいました。そうすれば（古河公方は）きっと滝の御陣より、軍勢を分けられるか、さもなければ（自ら）御出陣されるか、どちらかであると思ったのです。それで（上杉軍を）切所へ引き上げて作戦をめぐらし、よいタイミングで差し懸れば、たとえ味方が少勢であっても、勝利者たることは間違いないと考え、（顕定は文明九年）九月二十七日に白井を出陣されました。（顕定）御自身が出発したので（道灌は顕定を）引きとどめようとしたものの、軍勢は既に出てしまったのでやむをえないと思い、あえて片貝へ出陣しました。

十月二日に道灌は荒巻へ上り、同時に引田あたりの陣場等を見て廻り、その地での作戦を練っていました。すると案の定、結城、両那須、佐々木、横瀬、その他かの国の諸勢が申し合わせ、景春並に同名六郎等大勢で寄せてきました。（道灌は）兼ねて予想をしていたので、塩売原へ打ち上げ、引田の切所を前にして陣をとり、（顕定が）天子の御旗を出されれば、その時合戦に及ぶだろうと考えていました。ところが、思いつきの考えで意見をされる方たちがいたのでしょうか、その作戦は実行されないまま、十一月十四日に敵は退散しました。

細井あたりに用水掘があるので、（道灌は）その前後を追い懸け合戦をするべきと考えていました。しかし、忠景の陣所は離れていたので、到着を待っていたところ延び延びになってしまいました。今になっても残念なことであります。（その後）下野のあたりはそのままにして、（上杉軍は）直ちに（武蔵国へ）帰国いたしました。

註解

①白井＝（しろい）白井城、渋川市吹屋、長尾氏の本城であったが用土が原合戦後、山内、扇谷、越後の三上杉氏は白井城に入城。
②難儀＝困難、食料等の欠乏による困窮。
③掠取＝（かすめとる）敵地の農民から食料等を必要なだけ取りあげたこと。
④堪忍候者＝（堪え忍び候ば）「者」は条件を表わす接続詞。
⑤滝御陣＝滝陣城、古河公方の陣所、高崎市下滝町、現在の高崎市立滝川小学校敷地。
⑥両篇＝二つのうちのどちらか、成氏軍の分隊派遣か本隊出撃。【第四段参照】
⑦守時節差懸候者＝（時節を守り差し懸り候ば）「者」は条件を表わす接続詞。
⑧御留候共＝（おん留め候ども）「共」は当て字で「ものの」の意味。
⑨軍勢既致歎落候者＝（軍勢既に歎け落ち致し候ば）歎落《かけおち》とは、軍勢が順次出発していなくなること、「者」は理由を表わす接続詞。
⑩片貝＝前橋市片貝。
⑪荒巻江＝荒巻は前橋市荒牧、「江」（へ）は当て字。
⑫心当＝（こころあて）推量すること、その場で作戦を練ること。
⑬結城、両那須、佐々木、横瀬、其他彼之国諸勢＝上記に小山、佐竹、小田、里見を加える

と関東八家。原注に「結城氏広か、那須明資、資実か、横瀬國繁・由良信濃守」。
⑭同名六郎＝長尾景春の弟か。
⑮塩売原＝前橋市富士見町。【解説参照】
⑯引田、陣場＝前橋市富士見町の古戦場。
⑰被出天子御旗候者＝（天子の御旗を出され候ば）「者」は条件を表す接続詞。
⑱細井＝前橋市富士見町細井。
⑲於干今＝（今においても）「干」は時を表す置き字。

解説

①白井城・上州の拠点

一四七七年（文明九年）五月中旬、上杉顕定は道灌の先導で河内御座から清水河畔（五十子）、用土が原を経て白井城へ移動し、五月から九月まで過ごしました。白井長尾氏の根拠地であった白井城は、長尾景春が鉢形城へ移動した後には上杉氏の拠点となりました。

同年六月岩松氏が「神水三箇条」により古河公方側についたので、成氏は後顧の憂いを絶って、翌月には滝城へ出陣していました。上杉方は、滝城から出陣した古河公方軍と長尾景春軍の連合軍を迎え撃つため、白井城を後方拠点としました。【第十五段参照】

②兵糧の調達・河村大和守の逃亡

当時の兵糧の調達は、大将による購入、兵士の自弁、兵士の略奪、商人からの借り入れのどれかでありました。上杉軍の白井城長逗留により食料が不足してきたので道灌は、敵領へ出張り、食料を少々強制調達して出陣に備えました。

このような兵站のことが、古記録にあることは稀です。古今東西、名将は先ず兵站を語り、凡将は先ず作戦を語る、といわれています。

後に、白井城下での長逗留による困窮に耐えず、相模住人の河村大和守は、仲間を連れて無断で帰還しました。後に道灌は、大和守を厳しく指弾しています。【第三十七段参照】

③塩売原の由来

前橋市富士見町の庄司原(しょうじはら・しょうじっぱら)という地名は塩売原《しおうりはら》の音便変化です。群馬県の利根川沿いには古来、勅使牧が多数ありました。そして馬に食わせる塩の入手は、重要な仕事でした。塩売り原では古来、馬に与える塩の売買が行われました。

庄司原には現在、太田道灌と長尾景春の古戦場として「陣場」の地名も残っています。このあたりで太田軍と長尾軍の駆け引きが盛んに行われました。

第十七段　十二月二十七日漆原へ天子の御旗を出され

本　文

十二月二十七日漆原へ被出天子御旗、徒被送日数候之間、親候入道大将陣へ参、若干申談候間、保戸田被相遣候。然而十二月二十三日、公方様滝御陣ヲ御立、和田へ被差寄、翌日ハ観音寺辺ヲ被打上候時も、就御馬被立所等様々儀共候し、御存知之前候間、不及申候。

読み下し文

十二月二十七日漆原へ天子の御旗を出され、徒に日数を送られ候の間、親に候入道が大将の陣へ参り、若干申し談じ候間、保戸田へ相遣わされ候。然り而して十二月二十三日、公方様が滝の御陣を御立ち、和田へ差し寄せられ、翌日は観音寺辺りを打ち上げられ候時も、御馬を立てられる所等について様々の儀ども候いし、御存知の前に候間、申し及ばず候。

現代語訳

（文明九年）十二月二十七日（顕定が）漆原へ天子の御旗を出され、徒に日数を送られていたので、（私の）親である入道（道真）が大将（顕定）の陣へ参り、若干相談をしたので、保戸田へ派遣されました。そして十二月二十三日、公方様が滝の御陣をお立ちになり、和田へ到着され、翌日は観音寺のあたりを打ち上られたときも、（顕定が）陣所を構えられる場所等について様々に検討したことは、御存知のとおりなので、申しあげません。

註　解

①十二月二十七日＝国学院本では「十一月二十六日」と記されていて、前後関係を考えると国学院本が正しいと思われます。
②漆原＝群馬県吉岡町漆原、広馬場の東南方約八キロ。
③大将＝関東管領上杉顕定。
④保戸田＝（ほとだ）高崎市保渡田町、広馬場の南方約八キロの地点。道真の出張は、顕定の馬立て地（陣所）探索のためか。
⑤公方様＝古河公方・足利成氏、武蔵へ出陣するときの陣所は滝御陣。
⑥和田＝高崎市箕郷町和田山、広馬場の南方約十六キロのあたり。
⑦差寄＝（さしよす）「差」は語調を整え、意味を強める接頭語。
⑧観音寺＝前橋市元総社町、広馬場の東南方約八キロ。
⑨打上＝（うちあがる）「打」は語調を整え、意味を強める接頭語。

⑩馬被立＝(馬をたてられる)頸定が馬を止められる、陣所を構えられる。
⑪御存知之前＝先刻ご承知の通り、十分知っている。【第一段参照】

解　説

①広馬場の決戦前夜

一四七七年(文明九年)十二月二十三日、上杉方五千余騎は天子の御旗をかかげて、広馬場の南東漆原に着陣しました。一方古河公方は長尾景春と気脈を通じ、八千余騎が白井城攻撃をもくろんで滝の御陣を出発しました。双方とも有利な陣取りをするために、広馬場の周辺を動きまわりました。

寒風吹きすさぶ厳寒の榛名山麓の広馬場で、数万人が総力をあげて、まさに関東分け目の決戦をはじめようとしていました。

②岩松家の去就・「神水三箇状」

『松陰私語』(一五〇九年)によると、一四七七年(文明九年)七月二十三日、上野の新田岩松家純は金山城(太田市)で「神水三箇状」を発表して方針の大転換をしました。すなわち岩松家は、幕府と古河公方の命令以外で他家を支援するための出兵はしない、ということです。

かくて岩松家は同年末の広馬場決戦には上杉家を離れて、精鋭五百余騎と歩卒三千余人を古河公方支援のために派遣しました。一人の騎馬武者に六人の歩卒がついているという興味深い記録が『松陰私語』にあります。歩卒は、旗、武具はもちろん、水、食料、幕営具などを運ぶ兵站の農兵でした。

第十八段　広馬場御陣の時

本　文

広馬場御陣時、如存者、国分へ相廻、自御敵陣後被懸候者、御勝利不可有疑旨申候処、越後衆如令申者、白井成後御合戦尤候。不然不可有御同心旨候間、其分相定候処、正月一日長井左衛門尉・寺尾上野介以両使自簗田方申旨候間、以旁々儀翌日峯林へ被立御陣候。然而同四日結城宇都宮江下陣引払打帰候。五日為始留守所要害、御敵陣共令自火、公方様被御陣払、被返御馬候。其時様態、前代未聞候歟。其日も諸勢申旨候之、余返答及迷惑候歟。親候入道、白井双林寺へ罷越候。雖然屋形相談旨候間、自身大将様御陣へ参被申候しか共、無御承引候。尤被奉対公方様候而、被申定候上者、争御偽可有之候哉。至景春者各別儀候間、於国中可被討留旨存候し、于今可被思召合之歟。

読み下し文

広馬場御陣の時、存ずる如くは、国分へ相廻り、御敵陣の後より懸られ候ば、御勝利疑いあるべからず旨申し候処、越後衆申される如くは、白井を後にしての御合戦尤《もっとも》に候。然ずんば御同心あるべからず旨候間、其の分に相定め候処、正月一日長井左衛門尉・寺尾上野介両使を以て簗田《やなだ》方より申す旨候間、旁々の儀を以って翌日峯林へ御陣を立たれ候。然り而して同四日に結城、宇都宮以下陣を引き払い打ち帰り候。五日に留守所要害を始めとして、御敵陣共に自火せしめ、公方様は御陣を払われ、御馬を返され候。其の時の様態は、前代未聞に候か。其の日も諸勢申す旨これ候、返答に余るに及び迷惑に候か。親に候入道は、白井双林寺へ罷り越し候。然りと雖も屋形に相談の旨候間、自身大将様御陣へ参り申され候しか共、御承引なく候。尤も公方様に対し奉られ候て、申し定められ候上は、争か御偽り之あるべきに候哉。景春に至るは各別の儀候間、国中において討ち留められるべく旨存じ候いし。今は之に思し召し合せらるべきか。

現代語訳

広馬場御陣の時、(道灌が)考えたことは、国分へ回って敵陣の後より懸れば、勝利は疑いないと(いうことで、それを)申したところ、越後(上杉)衆が言うことには「白井を後にしての合戦が妥当であり、そうでなければ賛成できない」ということでありました。それで、その考えとおりに決めたところ、(文明十年)正月一日に長井左衛門尉、寺尾上野介両使により簗田方から申し出があったので、いろいろ検討されて、翌日(成氏は)峯林へ向けて御陣を立たれました。

そのあと、同四日に結城、宇都宮以下が陣を引き払って帰りました。五日に留守所、要害を始め敵陣をみな自火させて、公方様も御陣を払われ、御馬を返されました。其の時の情景は、前代未聞であったと言うべきか。其の日も（味方の）諸勢の言い分がありましたが、（道灌にとって）返答に余るに及び迷惑でありました。

親の入道（道真）は、白井双林寺へ出かけました。こうではあっても屋形（顕定）に相談のことがあったので、自身で大将様（顕定）御陣へ参り申されましたが、（顕定の）ご承認はありませんでした。もっとも公方様に対して、申し定められた上は、どうして偽りがあってよいでしょうか。景春についてては別の対応があるので、国中において討ち取るべきと考えられました。今はこれに考えを合わすべきであろうか。

註　解

①広馬場＝群馬県榛東村、榛名山の裾野。
②国分＝高崎市東国分町、広馬場から約四キロ。
③自御敵陣後被懸候者＝（御敵陣の後より懸られ候ば）「者」は条件を表わす接続詞。
④越後衆＝越後上杉氏の軍勢。
⑤尤に候＝道理にかなっている。

⑥正月一日＝原注「文明十」、文明十年元旦。
⑦長井左衛門尉、寺尾上野介＝古河公方家の家老たち。
⑧簗田＝（やなだ）原注「関宿城主」、簗田持助、古河公方家の筆頭家老、足利成氏の伯父。
⑨峯林＝高崎市若田町の峯林古墳群のあたり。
⑩結城＝原注「結城氏広か」。
⑪宇都宮＝原注「宇都宮成綱」。
⑫江可＝以下、書写間違い。
⑬御馬を返され候＝原注「正月五日成氏上野より武州成田に至り馬を入れる」、退却した。
⑭其日も諸勢申旨候之＝（其の日も諸勢申す旨これ候）「之」は語調を整える語。
⑮白井双林寺＝渋川市中郷の白井長尾家の菩提寺、白井城の近傍。
⑯大将様＝原注「上杉顕定」。
⑰尤も＝そうはいうものの。
⑱于今＝（今は）「于」は時を表す置き字。【第十六段参照。解説参照】

解　説

①広馬場の相引き・「都鄙の和睦」への道筋

一四七七年（文明九年）十二月二十四日、上杉軍五千余騎と古河公方・長尾景春・岩松家の連合軍八千余騎が関東の覇権を決すべく、榛名山のすそ野広馬場に結集しました。

まさに決戦の火ぶたが切られそうになったとき、この一戦は積雪と吹雪のため相引きとなり、幻の関東分け目の戦となりました。

その経緯は、この段に明らかです。広馬場の決戦を、急遽相引きにするよう交渉した人物は、前線司令官であった公方方の簗田持助と上杉方の太田道真でありました。

相引きの条件は、上杉方としてはいわゆる「都（京都・幕府方）」と「鄙（関東・公方方）」の和睦を仲介することで、古河公方と長尾景春の離間そして千葉自胤の復権をもくろむものであったことが、第二十一段でわかります。古河公方方としては、「都鄙の和睦」による朝敵の赦免を最優先条件としたと思われます。双方とも戦によって諸問題の決着を一挙につけようとしていたところ、思いがけない豪雪というハプニングで、休戦協定が一気に進んだのです。

②太田道真と簗田持助の立ち回り

双方の各部隊が撤退をはじめてから、太田道真は休戦の件で、総大将上杉顕定の陣所双林寺へ行き説明をしました。顕定は大綱了解、長尾景春対応に異議ありのようであったものの、古河公方と約束したことであれば仕方がないと追認した模様です。その間太田道灌は、交渉の推移を知らされていなかったのであっけにとられ「前代未聞に候」と慨歎と安堵の入り混じった感想をつぶやいています。

この頃はまだ、上杉方では「老体の大功」をそなえた太田道真の緊急事態対応力と存在感の大きさがひと際目立っていました。古河公方方の梁田持助と上杉方の太田道真が休戦協定と両軍の撤退を主導したというべきです。

「公方様候て、申し定められ候上は」の一節から勘ぐれば、この広馬場の相引きは、古河公方の意をうけた忠臣梁田持助が必死になって取り組んだのでありましょう。またその後古河公方が、長尾景春との連係を絶ったことを考えると、広馬場で太田道真は、一応の外交的成功を収めたと思われます。

③「今は之に思し召し合せらるべきか」

「今」とはまさしく広馬場に両軍が結集した一四七七年（文明九年）十二月末から翌年のはじめを指します。そうすると、太田道灌がこの段を執筆したのは、文明十年の前半そして「之」とは、休戦協定すなわち古河公方方が切望する「都鄙の和睦」の推進と上杉方がもくろむ長尾景春の孤立であります。

④指揮官先頭と指揮官後方

それにしても、一方の総大将古河公方・足利成氏が広馬場に出撃していたのに、迎える総大将関東管領・上杉顕定は、広馬場から十キロも離れた渋川市の白井城のちかくの双林寺に籠っていたとは、どういうわけなんでありましょうか。第十七段には「御馬を立てられる所等について様々の儀ども候いし」とあるので、上杉顕定の指揮所は、種々論議の末双林寺になったのです。

太田道灌は戦場で常に、指揮官先頭を貫き「里は荒れ野となる露の深草やうずらがねやを照らす月影」(花月百首)と本歌取りの歌を詠んでいます。戦場でうずらの巣のようにそまつな寝所を渡り歩いているということです。上杉顕定と太田道真・道灌の流儀の違いは明らかです。

広馬場の相引きは、天候の急変により大決戦が避けられた、日本史上稀有のできごとです。

群馬県榛東村《しんとうむら》の広馬場では、住民の話によると、今も冬には大雪になることがあるということです。

第十九段　倉賀野御陣より

本　文

自倉賀野御陣、当方相分候而、此国へ被打出候時も、若干御抑留候しか共、当国無静謐者、御本意難有之由存、親候入道相談、修理大夫ヲ引立、正月二十四日河越江一日打懸著。翌日道灌、豊島勘解由左衛門尉、向江戸要害。平塚と申所拵対城楯籠候之間、彼地為可寄馬、膝折宿著陣仕候処、其暁令没落候。足立迄雖追懸候、遥逃延候之間、及晩江戸城へ入馬。翌朝丸子張陣候。向御敵差寄候之処、小机要害江逃籠候間、其儘押詰、二月六日及近陣候。

読み下し文

倉賀野御陣より、当方相分かれ候て、此の国へ打ち出され候時も、若干御抑留候しかども、当国に静謐なきは、御本意に之有りがたくの由存じ、親に候入道に相談、修理大夫《しゅうりのだいぶ》を引き立て、正月二十四日河越へ一日で打ち懸け着きぬ。

翌日道灌は、豊島勘解由左衛門尉の、江戸要害へ向かいぬ。平塚と申す所へ対城を拵《こしら》え楯籠り候の間、彼の地へ馬を寄すべく為、膝折宿《ひざおり》へ著陣仕り候処、其の暁に没落せしめ候。足立迄追い懸け候と雖も、遥に逃げ延び候の間、晩に及び江戸城へ馬を入れぬ。

翌朝丸子へ陣を張り候。御敵に向い差し寄せ候の処、小机要害へ逃げ籠り候間、其の儘押し詰め、二月六日近陣に及び候。

現代語訳

倉賀野御陣より、当方（扇谷上杉方）が分かれて、この国（武蔵）へ出発した時も、（顕定が定正を）少し引きとめたけれども、当国（武蔵）に平穏がなければ、御本意が達せられないと考え、親である入道（道真）に相談し、修理大夫（定正）を引き立て、（文明十年）正月二十四日河越に一日で着きました。

翌日道灌は、豊島勘解由左衛門尉の江戸要害へ向かいました。（豊島勘解由左衛門尉は）平塚という所に対城を構え楯籠っていたので、彼の地へ馬を寄せるため、膝折宿へ著陣したところ、（左衛門尉は）その晩に没落してしまいました。足立まで追いかけたものの、遥に逃げのびたので、晩になって江戸城へ馬を入れました。

翌朝（道灌は）丸子に陣を張りました。敵に向い進軍したところ、小机要害へ逃げ籠ったので、其のまま押し詰め、二月六日には近くに陣を張りました。

註解

①倉賀野御陣＝高崎市倉賀野。【解説参照】

②当方＝扇谷上杉方。

③此国＝武蔵。

④抑留＝（ひきとめる）顕定が定正を少し引きとめたこと。

⑤候しか共＝（～であったものの）回想表わす助動詞「し」の連体形＋疑問を表わす助詞「か」、「共」は当て字。

⑥当国無静謐者＝（当国に静謐なきは）「者」は仮定の接続詞。

⑦御本意＝将軍の意を受けた上杉顕定の本意、武蔵国の静謐。

⑧修理太夫＝（しゅりのだいぶ）上杉定正（一四四三年～一四九四年）の官途名。定正は、扇谷上杉家当主で相模守護、一四七三年（文明五年）五十子で戦死した政真を継嗣。太田道灌より十一歳年下。

⑨平塚＝平塚城、東京都北区、豊島氏の要害。

⑩没落＝行方をくらますこと。

⑪膝折宿＝（ひざおりじゅく）朝霞市膝折、具体的には道灌の伝城《つたえじろ》岡城か。

⑫足立＝現在の鴻巣市から東京都足立区までの地域。

⑬丸子＝原注「多破川ノ端稲毛ノ中」、神奈川県川崎市丸子。
⑭御敵＝丸子に現れた御敵とは、小机城から出張った、矢野兵庫配下の一隊。
⑮小机要害＝横浜市の小机城。【第二十段参照】

解説

①倉賀野御陣

鎌倉時代の治承年間（一一七七年〜一一八九年）に武蔵児玉党の支流である秩父高俊が倉賀野の地に館を構え、倉賀野氏を称しました。室町時代に倉賀野氏は、関東管領山内上杉氏の配下になっていたので、倉賀野御陣は倉賀野城であったと思われます。城は烏《から》川左岸の河岸段丘上に立地し、利根川が近く、中仙道が通過する交通の要地でありました。

ちなみに倉賀野から川越まで直線距離で約七十キロです。それは一日の行程としては、当時の足軽隊の健脚をもってしても強硬軍でした。

②「修理大夫を引き立て」

この段で道灌が、倉賀野から河越城まで定正に同行したときのことを「修理大夫を引き立て」とややぞんざいな表現で記しています。これに対して第十五段では、道灌が河内御座から利根川を越えて用土原まで顕定に同行したときのことを「利根川を引き越し奉り」と敬語で書いてます。

道灌は『太田道灌状』の中でこのように一貫して、上杉顕定と古河公方に対しては敬語を使い、直接の主君である扇谷上杉定正に対しては、親愛のあまりかほとんど敬語をつかっていません。

文章には常に、人の心が反映されます。関東管領上杉顕定を大将とする上杉軍団では、道灌にとって定正は、十一歳年下の頼りない主君であったようです。定正はそのことが面白くなく、のちの太田道灌の悲劇につながったかもしれません。

③豊島勘解由左衛門尉の最後

武蔵の名族として栄えた、石神井城主の豊島勘解由左衛門尉の末路ははかないものでありました。太田道灌に石神井城を追われた豊島勘解由左衛門尉は、平塚城（東京都北区）で再起しようとしたものの叶わず、足立へ落ちました。

しかし、その後の事は杳《よう》としてわからず、坂東八平氏の一流であった豊島一族は、文明十年に歴史の主流から消えてしまいました。

④豊島氏の下総逃亡説

船橋市夏見の長福寺の聖観音菩薩像の胎内銘には、一五三六年（天文五年）夏見豊島勘解由左衛門尉平朝臣胤定が、長福寺の檀那となって、本尊の聖観音菩薩像を造立して寄進したことが記されています。勘解由左衛門尉という官途名は、武蔵豊島氏のものです。したがって豊島泰経は足立から下総の千葉領に逃げて隠れて生き延び、その子孫が豊島胤定を名乗ったという説があります。

豊島氏と千葉氏はともに坂東八平氏のながれで、ともに道灌と対立していたので、豊島氏が千葉氏の庇護を受けたことはあり得ることと思います。

第二十段　修理大夫には、親に候入道を相添え

本文

修理大夫ニハ、親候入道相添、河越に候之処、景春令蜂起、浅羽へ打出、吉里に一勢相加、大石駿河守在城地二宮へ着陣、小机城へ致後詰、廻謀略候之処、三月十日、自河越浅羽陣へ差懸、追散候之間、景春成田御陣参、千葉介相談、返馬羽生峯取陣候。同十九日自小机同名図書助一勢相添、河越へ越、翌日二十日向羽生陣修理大夫寄馬間、千葉介、景春不及一戦令退散、成田御陣逃参候。方々儀共如此候間、小机城四月十一日令没落候。

相州ニも御敵城共五六ヵ所候。専金子掃部助小沢城令再興相抱候。当方分国候間、急彼等可有追散旨、雖申仁候、先当国令静謐、速御迎以参度分、大石駿河楯籠候二宮寄陣、中宥候之間、服先忠候。二宮事如此候之間、相州磯部の城者令降参、小沢城者致自落候。

雖然残党等奥三保楯籠候之間、道灌當国村山申所寄陣、同名図書助、同六郎自両国奥三保へ差寄候処、本間近江守、海老名左衛門尉、甲州住人加藤其外彼国境者相共語、去月十四日御方陣江寄来候処、於搦手図書助擢手得勝利候。海老名左衛門尉討取候由、夜中村山陣へ告来候間、未明罷立、同十六日甲州境越、加藤要害へ差寄打散、為始鶴河所令放火候之間、其儘相州東西静謐仕候。

読み下し文

修理大夫には、親に候入道を相添え、河越に候の処、景春蜂起せしめ、浅羽へ打ち出し、吉里に一勢相加え、大石駿河守在城地二宮へ着陣、小机城へ後詰《ごづめ》いたし、謀略を廻らせ候の処、三月十日、河越より浅羽陣へ差し懸かり、追い散らし候の間、景春は成田御陣へ参り、千葉介と相談、馬を返して羽生峯に陣を取り候。同十九日小机より同名図書助は一勢を相添え、河越へ越し、翌日二十日羽生陣へ向かい修理大夫は馬を寄せし間、千葉介、景春一戦にも及ばず退散せしめ、成田御陣へ逃げ参り候。方々の儀共此の如く候間、小机城四月十一日没落せしめ候。

相州にも御敵城共五六ヵ所候。専ら金子掃部助《かねこかもんのすけ》小沢城を再興せしめ相抱え候。当方の分国に候間、急いで彼等を追い散らすべき旨、申す仁候ども、先ず当国を静謐にせしめ、速かに御迎え参り度き分を以って、大石駿河立て籠り候二宮に陣を寄せ、宥《なだ》め申し候の間、先忠に服し候。二宮の事は此くの如く候の間、相州磯部の城は降参せしめ、小沢城は自落いたし候。

然りと雖も残党等奥三保《おくさんほ》に楯籠り候之間、道灌当国村山と申す所に陣を寄せ、同名図書助、同六郎両国より奥三保へ差し寄せ候処、本間近江守、海老名左衛門尉《えびなさえもんのじょう》、甲州住人加藤其の外彼の国境の者相共に語り、去月十四日御方陣へ寄せ来り候処、搦手において図書助手を擢き勝利を得候。海老名左衛門尉討ち取り候由、夜中に村山陣へ告げ来り候間、未明に罷り立ち、同十六日甲州境を越し、加藤の要害へ差し寄せ打ち散し、鶴河所を始めとして放火せしめ候の間、其の儘相州東西静謐に仕り候。

現代語訳

修理大夫（定正）には（道灌の）親である入道を添わせて、河越城にいてもらったところ、景春が蜂起して浅羽（坂戸市）へ打ち出しました。そして景春は、吉里（宮内）に一勢を加え、大石駿河守の在城地二宮（あきる野市）に着陣させ、小机城（横浜市）へ後詰をし、謀略を廻らせていました。それで（文明十年）三月十日、（定正は）河越城より浅羽陣へ攻め懸かって（景春軍を）追い散らしたので、景春は成田御陣へ逃げ千葉介と相談し、馬を返して羽生峯（羽生市）に陣を取りました。同十九日小机より弟の図書助の一勢が派遣されて河越へ行き、翌日二十日修理大夫が羽生陣（羽生市）へ向かい馬を寄せたので、千葉介、景春は一戦にも及ばず退散し、成田御陣へ逃げこみました。種々の状況がこのようであったので、小机城は四月十一日に落城しました。

相州には敵城が五、六ヵ所あります。金子掃部助は専ら小沢城（愛川町）を再興して構えました。当方の分国であるので、急いで彼等を追い散らすべきだと言う者がいたものの、先ず当国を平穏にして、速かに（頸定を）御迎えに参りたいという考えにより、（道灌は）大石駿河が楯籠っている二宮城に陣を寄せてなだめ申したので、（大石は）先忠に服しました。二宮の事はこのようであったので相州磯部の城（相模原市）は降参して小沢城は自落いたしました。

そうは言っても残党等が、奥三保（相模原市）に楯籠っていたので、道灌は当国の村山（武蔵村山市）という所に陣を寄せ、弟の図書助、同じく六郎で両国より奥三保へ差し寄せたところ、本間近江守、海老名左衛門尉、甲州住人加藤その他あの国境の者が打ち合わせて、先月十四日当方の陣へ寄せて来たので、搦手において図書助が打ち負かして勝利を得ました。海老名左衛門尉を討ちとったことを、夜中に村山陣へ告げてきたので、（道灌は十五日）未明に出発し、同十六日甲州境を越え、加藤の要害（上野原市）へ差し寄せて打ち散らし、鶴河所をはじめとして（近辺に）放火したので、そのまま相州の東西は平穏になりました。

註　解

①大石駿河守＝二宮城（あきる野市）主・大石憲仲。【第九段参照】

②小机城＝横浜市北区小机町、城主の矢野兵庫は文明九年に、河越城攻撃をもくろみ苦林へ出撃。【第十三段参照】

③後詰＝（ごずめ）後方で戦を支援すること。

④浅羽陣＝坂戸市浅羽、現在は浅羽城址公園。
⑤羽生峯・羽生陣＝（はにゅうみね・はにゅうじん）羽生市、利根川原の砂山か、具体的な場所は不明。
⑥成田御陣＝成田陣、古河公方の陣所、熊谷市上之。
⑦千葉介＝千葉孝胤。【第二十二段参照】
⑧先忠＝以前通りの上杉方への忠誠。
⑨小沢城＝（こさわ城）神奈川県愛川町、文明九年四月に小沢城は一度落城したものの、金子掃部助が再興。【第十二段参照】
⑩分国＝扇谷上杉家の間接的支配地域の意味か。
⑪磯部城＝相模原市磯部、上磯部に土塁跡。
⑫残党＝小机城に籠城していた者等、長尾景春の与党。
⑬奥三保＝（おくさんぽ、おくのさんぽ、おくみほ）津久井城址周辺の古称、相模原市緑区。【解説参照】
⑭村山＝武蔵村山市中藤の真福寺。地元には大将山の説も併存。
⑮六郎＝道灌の弟、太田資常か。「本土寺（松戸市）過去帳」に「文明十年一月三日太田六郎前ヶ崎城落城討ち死」と記録。

⑯両国＝武相両国、具体的には武蔵の村山からの資忠軍と相模からの六郎、大森軍。【第三十七段参照】
⑰本間近江守＝武蔵七党横山党の国人、相模の本間に居住、長尾景春の与党。
⑱海老名左衛門尉＝武蔵七党横山党の国人、相模の海老名に居住、景春の与党。
⑲甲州住人加藤＝上野原城主、景春の与党。
⑳御方陣＝太田資忠の陣、小松城址（相模原市）と推測。【解説参照】
㉑鶴河所＝上野原市の鶴川宿。

解　説

①小机城落城と小沢城自落

浅羽は、坂戸市の鎌倉街道上道《かみつみち》に沿ったところで、そこに武蔵武士児玉党の浅羽氏が城を構えていました。浅羽氏は古河公方の配下として、長尾景春の与党となっていました。二宮城址は、あきる野市の二宮神社等数か所が考えられます。二宮城主大石駿河守は当初、長尾景春与党となったものの、一四七八年（文明十年）四月上杉軍に攻められ上杉方へ復帰しました。

浅羽陣、二宮城、羽生陣、磯部城をめぐっての上杉方と長尾景春方の小競り合いは、景春方にとって、小机城の後詰めを確保できるかどうかの重要問題でした。

文明十年三月に、上杉定正軍と太田資忠軍の援護により、小机城後詰めの心配がなくなりました。同年四月十一日、太田道灌は亀の甲山での二か月半の包囲の末、伝承によると「小机は先ず手習いのはじめにていろはにほへとちりぢりになる」とざれ歌を詠み、先ず篠原城を蹴散らし、奇襲により小机城を落城させました。このとき道灌は、小机城ちかくの寶生寺《ほうしょうじ》に乱暴狼藉を禁止する禁制を与えました。つづいて溝呂木氏の磯部城が降参、小沢城が自落しました。

②村山陣・奥三保の戦い

太田道潅は文明十年四月、村山（武蔵村山市）に陣を寄せ、弟の資忠と六郎が率いる先遣隊が、相模川沿いに鶴川（上野原市）まで進軍し、景春与党の残党を蹴散らしました。

『武蔵名所図会』（一八二三年）には、村山陣は武蔵村山市中藤《なかとう》の真福寺《しんぷくじ》と記されています。同じく『武蔵名所図会』には、奥三保は相模原市緑区の上川尻であると記されています。したがって、奥三保とは津久井の城山周辺の広域であります。

そして太田資忠の陣は川尻の小松城址であったと推測されます。小松城は八王子片倉城の支城であったとされ、片倉城主の長井大膳大夫広房は、扇谷上杉氏の一族で太田道灌の盟友でもあったからです。

長尾景春残党が楯籠もった陣は地勢を考えると、小松城から相模川を越えた津久井の城山であったと推測されるものの確証はありません。後年の上杉顕定書状には「伊玄（長尾景春）が帯刀左衛門尉、吉里と津久井山に移り宗瑞（北条早雲）に味方して戦う」とあります。

あきる野市五日市の開光院の寺紋は太田細桔梗紋で、この寺には太田道灌着陣の伝承記録があります。したがって太田道灌が率いる本隊は、村山陣より檜原ルートで甲州境すなわち浅間峠（現在は武甲トンネル）を越えて鶴川へ入ったと思われます。相模川ルートでは、遠回りになりかつ平坦な道なので、「甲州境を越え」という表現にはならないと思います。

③「去月十四日」とはいつか

「去月十四日御方陣へ寄せ来り候処」という一節の中の「去月」とは「先月、前の月」の意味であるから具体的には、一四七八年（文明十年）六月を指しています。そうするとこの段に示された道灌の書簡は、文明十年七月十四日の甲州攻略が終わった頃に書かれたことになります。

第二十一段　武相両国の御方相催し

本文

武相両国御方相催、修理大夫為御迎、七月上旬比河越立、井草与申所着陣。同十三日青鳥寄陣、十七日越荒河鉢形与成田（間）張陣候之処、夜中自簗田中務大輔方、如令申者、於上州被御申合候以首尾、上下可有御一統候。然而景春御近辺候之間、御難儀之趣候。急一勢可遣旨申候間、未明打立、道灌、景春陣江馳向候処、令退散候。其隙ニ公方様利根川お御越、古河江御帰座候キ。

然間修理大夫者森腰ニ取陣、道灌者其儘成田張陣、榛沢へ御着お奉待請候。雖然可被立御旗地無之候由、御内談候之処、道灌如申者、鉢形要害可然存候、其故者、大将計有御座御用心之儀者不十分候。伺候之面々不退奉従、相兼武上両国地形簡要之由申候之処、為始忠景一両輩不庶幾由被申候しか共、当城被移御旗候。其已後若干雖危子細等候、至于今日者、為御無為両国安全御拘候事、非道灌功候哉。

読み下し文

武相両国の御方相催し、修理大夫は御迎のため、七月上旬比（頃）河越を立ち、井草と申す所に着陣。同十三日青鳥《おおどり》に陣を寄せ、十七日荒河を越えて鉢形と成田（の間）に陣を張り候の処、夜中に簗田中務大輔方より、申される如くは、上州において御申し合わされ候首尾をもって、上下御一統有るべく候。然り而して景春御近辺に候の間、御難儀の趣き候。急いで一勢を遣すべく旨申し候間、未明に打ち立ち、道灌、景春陣へ馳せ向い候処、退散せしめ候。其隙に公方様利根川を御越し、古河へ御帰座候き。

然る間修理大夫は森腰に陣を取り、道灌は其の儘成田に陣を張り、榛沢《はんざわ》へ御着を待ち請け奉り候。然りと雖も御旗を立てらるべき地之なく候由、御内談候の処、道灌申す如くは、鉢形要害然るべく存じ候、其の故は、大将ばかり御座に有り御用心の儀は十分ならず候。伺候の面々退せず従い奉り、武上両国を相兼ねたる地形簡要の由申し候の処、忠景を始めとし一両輩庶幾せざる由申され候しか共、当城に御旗を移され候。其れ已後若干の危き子細等候と雖も、今日に至りては、御無為と為り、両国安全に御拘《かかわ》り候事、道灌の功に候ず哉。

現代語訳

武相両国の味方の協力を得て、修理大夫は（顕定を）お迎えするため、（文明十年）七月上旬頃に河越を立ち、井草（川島町《かわじま》）という所に着陣しました。同十三日青鳥城に陣を寄せ、十七日には荒河を越えて鉢形と成田の間に陣を張ったところ、夜中に簗田中務大輔方より言われたことは「上州においで申し合わせになられた取り決めとおり、上下の秩序があるべきです。ところが、景春が（古河公方の）ご近辺にいるので、困っております。急いで一勢を遣してほしい」ということであったので、道灌は未明に出発し、景春陣へ馳せ向かったところ、（景春は）退散しました。その隙に公方様は利根川を渡られ、古河へ御帰座されました。

そういう訳で、修理大夫は森腰に陣をとり、道灌はそのまま成田に布陣し、（顕定が）榛沢御陣に到着されるのを待っておりました。そうではありましたが御旗を立てられるべき場所がないので、相談していました。道灌の意見は、鉢形要害がふさわしいということでした。その理由は、（平井城では）大将ばかり御座にいて、ご用心の体制は不十分であります。（鉢形城では）伺候の面々も退かずに従うことができ、武上両国を治めることができる地形簡要の地であることを申しあげたところ、忠景を始めとし二、三人は賛成しないと言ったものの、（顕定は）当城へ御旗を移されました。それ以後、危ないことが少々あったとはいえ、今日に至っては安泰となり、両国が安全に運営されていることは、道灌の功ではないでしょうか。

註　解

①修理大夫為御迎＝修理太夫は主語、「御迎」（敬語）の目的語上杉顕定は省略。

②七月上旬比＝七月上旬頃、訓読では「比」を「頃」と詠む。【類例「近比名城」道灌の金山城評（松陰私語）】

③井草＝埼玉県川島町井草。

④青鳥＝（おおどり）青鳥城、東松山市大字石橋城山、折歪（おりひずみ）の石垣を持つ。

⑤鉢形与成田＝松平本、国学院本、どちらにも「鉢形与成田間」と記されているので、史料本の書写間違いか。道の駅「はなぞの」（深谷市）の辺りか。

⑥簗田中務大輔＝簗田持助、古河公方家の筆頭家老、関宿城主。

⑦首尾＝原注「京関東和睦」、幕府・上杉方と古河公方との和睦による新秩序。

⑧上下御一統＝上下の秩序。

⑨森腰＝不明、榛沢近傍の、小さい山の中腹か。『松陰私語』第三部の目録に「公方森腰御進発之事」とあるので古河公方の陣所にもなった所。

⑩榛沢＝（はんざわ）榛沢御陣、深谷市榛沢。【解説参照】

⑪成田（陣）＝熊谷市上之、【第二十四段参照】

⑫御旗を立てるべき地＝顕定が陣を張るべき場所。

⑬至于今日者＝（今日に至りては）「于」は時を表す置き字、「者」は時を強調する助詞。【第七段、第十六段参照】

解　説

①古河公方と景春の思惑違い

一四七八年（文明十年）一月の広馬場の相引きで、古河公方には「都鄙の和睦」への道筋が見えてきたので、すみやかに古河城へ帰還しようと考えていました。一方同盟者の長尾景春は、古河公方が本格的に戦って上杉顕定に打撃を与えてほしいと願っていました。思惑外れの景春は不満をいだき、古河公方の帰還を妨げていたのです。同年七月十七日の夜中に、簗田中務大輔の子成助が使者として道灌のもとを訪れ、景春の追放を頼みました。

朝敵の解除を目的とする古河公方と顕定への徹底抗戦を目的とする景春とは、同床異夢であったことが露呈されました。

②榛沢御陣の談合

一四七八年（文明十年）七月十八日、道灌は古河公方の要請にしたがって鉢形城を攻撃し、長尾景春一統を秩父へ追いました。道灌は成田陣で、上杉顕定の榛沢御陣到着を待ちました。榛沢御陣では多比良氏の所領のこと等が談合されました。【第五段参照】

榛沢から北方約二キロのところに五十子陣跡があり、南方の隣接地域には岡部、針ヶ谷、用土など、『太田道灌状』と『松陰私語』に登場する古戦場があります。当時上杉方の五十子陣が、景春軍の攻撃で崩壊していたので、顕定は榛沢を一時の御陣としたのでした。

③「地形簡要」顕定の鉢形入城

当時、関東管領上杉顕定の本城は、平井城（藤岡市）で、そこには管領舘と詰め城がありました。道灌は多分、平井城へ行ったことがあり、その舘の防備が不十分であったことを知っていて、なおかつ武蔵原中への出陣には少々不便な遠方であることを知っていたと思われます。したがって道灌は榛沢御陣で、自分の地形簡要の戦略から顕定の鉢形入城を強く勧めたのでした。築城においても野戦においても、道灌の作戦は常に地形、地相と一体になっていました。孫子の兵法に「地形は兵の助なり」とあります。

このとき顕定は、道灌の献策を快く受け入れて鉢形城へ入りました。景春の上杉家への反乱の根拠地が上杉方の本陣に変わったことは、きわめて象徴的な出来事でした。

この段で「地形簡要」は「地形肝要」と同じ意味に使われています。

④成田陣と忍城と雑説

室町時代後期に活躍した成田顕泰またその子・成田親泰は、文明年間に忍氏《おし》を滅ぼすなどして勢力を広げ、忍城（行田市）を中心に成田氏の最盛期を演出しました。

『太田道灌状』における成田氏の成田陣（熊谷市）とは、上杉方と公方方の両勢力の狭間に位置していたのでその政治的な立ち位置は常に微妙でした。

一四七八年（文明十年）一月、広馬場の相引き後、古河公方が成田陣へ馬を入れました。

また同年三月、景春は浅羽陣を追われて成田陣に入りました。そして同年七月には、道灌が成田陣近くに陣張りして榛沢御陣への顕定到着を待ちました。翌文明十一年十一月には、道灌が忍城の雑説を糺すため久下へ出陣して成田下総守に力をつけました。

一四七八年(文明十年)後半から翌年前半の間に、成田氏は忍大城の忍城を奪ったと推測されます。

成田氏の家記『成田記』の原本は、菩提寺龍淵寺の火災で焼失して一八一〇年に新版が復元されました。復元された新『成田記』には、長尾景春の妹が成田氏に嫁し、やがて離縁されたとあります。また双林寺(渋川市)の長尾氏位牌には「徳厳妙蘊(永禄八年五月十九日)伊玄娘なり始めは成田長康に嫁し故在って離別」とあります。

また新『成田記』には、成田顕泰の義父、成田自耕斎正等が岩槻城を築城したということは記されていません。

第二十二段　千葉介孝胤退治の事

本文

千葉介孝胤退治事、古河様江申成、自胤為合力向彼国、当方進発事好事様存方候歟。既都鄙御合体不庶幾旨、自最初孝胤被申者無覚悟候。殊景春御許容之上、自胤為本意、鉢形様、修理大夫様、彼方へ有御談合。関東御無為之儀候者、於以後小人等頸不可出候間、以旁々之儀廻其略、十二月十日、於下総境根原令合戦得勝利。翌年向臼井城、被寄陣候。長陣事候之間、諸勢打帰難事成候之間、可被寄御旗旨、度々令申候処、無其儀候間、果而及凶事帰国候。雖然下総ニハ海上備中守、上総州ニハ上総介、武田三河入道以下背孝胤、各構要害。既三河入道者、子息式部丞国ニ差置、自胤方令帰服、当国へ罷越候。両国為躰如此候之間、於臼井城下同名図書助並中納言以下親類傍輩被官人等数輩致討死候。此失お取合致校量候之処、遥御方徳分候、其故者、如以前為両総州全、古河様御刷如今者恐者可為御大儀候歟。

読み下し文

千葉介孝胤《のりたね》退治の事、古河様へ申し成し、自胤《これたね》に合力の為彼の国へ向かって、当方進発の事好《す》き事の様に存ずる方も候か。既に都鄙御合体庶幾《こいねがわ》ざる旨、最初より孝胤《のりたね》申すは無覚悟に候。殊《こと》に景春御許容の上、自胤本意の為、鉢形様、修理大夫様、彼《か》の方《かた》へ御談合あり。関東御無為の儀候ば、以後において小人等頸《うなじ》を出すべからず候間、旁々之儀を以って其略を廻らし、十二月十日、下総境根原《さかいねはら》において合戦せしめ勝利を得。

翌年臼井《うすい》城へ向い、陣を寄せ候。長陣の事に候の間、諸勢打ち帰り難き事に成り候の間、御旗を寄せらるべき旨、度々申せしめ候の処、其の儀なく候間、果して凶事に及び帰国し候。

然と雖も下総には海上備中守《うながみびっちゅうのかみ》、上総州《かずさ》には上総介《かずさのすけ》、武田三河入道以下孝胤に背き、各々要害を構えり。既に三河入道者、子息式部丞《しきぶのじょう》を国に差し置き、自胤方へ帰服せしめ、当国へ罷り越し候。

両国の為躰《ていたらく》は此の如く候の間、臼井城下において同名図書助《ずしょのすけ》並びに中納言以下親類傍輩被官人等数輩討ち死に致し候。此の失《とが》を取り合わせ校量致し候の処、遥かに御方の徳分に候。其の故は、以前の如く両総州全き為、古河様の御刷《おんかいつくろい》今の如きは恐らくは御大儀たるべく候か。

現代語訳

千葉介孝胤を退治する事、古河様へ説明し、自胤に加勢のため彼の国（総州）へ向かって当方（道灌軍）が出発することは身勝手なことのように考える向きもあろうか。既に（実現した）都鄙御合体を願わないことを、孝胤が、最初より主張しつづけることは無思慮なことです。殊に、景春を御許容の上、自胤復権のため、鉢形様（顕定）、修理大夫様（定正）が、彼の方（古河公方）と相談しました。関東の和平が実現した以上、そのあとで思慮の浅い者が口をはさむべきでないので、いろいろ検討して策略を廻らし、（文明十年）十二月十日、下総境根原において（孝胤軍との）合戦をして勝利を得ました。

翌年（道灌軍は）臼井城へ向い、陣を寄せました。長陣になり、諸勢が帰り難いことになったので、（顕定が）御旗を寄せられるべきことを、度々おねがいしたけれども、かなわなかったのです。果してよくないことが起こり諸勢は帰国しました。

そうではあっても、下総では海上備中守、上総州では上総介と武田三河入道以下が孝胤に背いて（当方に）服し、各々要害を構えました。既に三河入道は子息式部丞（信勝）を国に置いて自胤方へ帰服して当国（武蔵）へやってまいりました。

両国（下総、上総）の状況はこのようであった一方、臼井城下において太田図書助並びに中納言以下親類傍輩被官人等数人討ち死にいたしました。この損失を取り合わせ比較してみますと、遥かに味方の利益が多くなっています。その故は、以前のように両総州を統治するため、古河様の政治が今のように（強力で）あることは、恐らく無理なことになったであろうからです。

註解

①千葉孝胤、自胤＝原注「孝胤と自胤一家二つに別れ合戦、孝胤を追討せんため自胤へ道灌合力」。

②好事＝（すきごと）身勝手なこと。

③都鄙御合体＝都鄙の和睦すなわち幕府・上杉方と古河公方との和解。

④無覚悟＝思慮がない。

⑤自胤本意＝自胤の本来の望み、千葉家の主流へ復権すること。

⑥鉢形様＝鉢形城主、関東管領上杉顕定。

⑦彼の方＝（かのかた）古河公方、婉曲表現。

⑧御談合＝上杉顕定、上杉定正、足利成氏の三者談合。

⑨関東御無為之儀候者＝（関東御無為の儀候ば）「者」は理由を表わす接続詞。

⑩小人＝思慮の浅い人間、具体的には千葉孝胤。

⑪境根原＝柏市酒井根。

⑫臼井城＝佐倉市臼井、城主は、千葉氏の庶流臼井俊胤。

⑬海上備中守＝海上師胤、銚子市の飯沼城主。

⑭上総介＝武田信高、木更津市の真里谷城主。

⑮武田三河入道＝武田信興、千葉県長南町の長南城主。
⑯背孝胤＝（孝胤に背き）上杉方について。
⑰為躰＝（ていたらく）為体、様子、状況、「体たり」の未然形（ていたら）＋名詞化の助詞「く」。現在のようなののしる意味はない。【類例「いわく」「おもわく」「ねがわく」】
⑱如此候之間＝（かくのごとく候の間）このようである一方、「間」は前述に異議をはさむ場合の接続詞。
⑲図書助並中納言＝太田資忠と佐藤五郎兵衛。臼井城三の丸跡に資忠の墓所。
⑳御刷＝（おんかいつくろい）統治。【第四段参照】
㉑如今者＝（古河様が）今のように（強力で）あることは。今とは文明十一年。
㉒御大儀＝困難なこと。

解説

①千葉氏の内訌

文明十年頃、関東最大級の豪族千葉氏一族は、古河公方と上杉氏との抗争に巻きこまれ、二派に分かれて争いました。庶流の千葉（馬加《まくわり》）孝胤は、宗家を滅ぼして猪ノ鼻（千葉市）の本城を奪い、長尾景春と気脈を通じ、都鄙の和睦に反対しつづけました。一方嫡流の千葉実《さね》胤《たね》、自胤《これたね》は上杉方につき、それぞれ石浜城（東京都荒川区）、赤塚城（東京都板橋区）に拠り、武蔵千葉氏として地盤を固めようとしていました。

②「都鄙御合体」を推進

一四七八年（文明十年）広馬場の相引きにより、古河公方と上杉方との一応の和睦すなわち「都鄙御合体」ができました。それで道灌は、文明十年十二月、古河公方の内諾を得たうえで「都鄙和睦」に反対する千葉孝胤を討ち、かつ千葉氏の嫡流自胤を復権させて江戸城東方の安定を計るため、両総へ出陣しました。それは道灌の、関東御静謐を実現するための戦略でした。

③境根原の合戦、江戸川に船橋

一四七八年（文明十年）太田道灌は、江戸川に船橋を渡して短時日のうちに物資と兵士を運び、国府台（市川市）に仮陣を築きました。

同年十二月十日、千葉の本城から千葉孝胤の軍勢が出撃してきたので、道灌軍は国府台城を出て境根原（柏市）で迎え撃ち、終日の激戦の末に破りました。それは、相当広い範囲で戦われた大激戦であり、現在の麗澤大学キャンパスのあたりが最激戦地でした。近くの根戸城址（我孫子市）に、道灌軍の伝城の伝承があります。この戦で千葉方の木内氏，原氏などの重臣も討ち死にしています。

松戸市本土寺の過去帳に「十日、文明十年戊戌《つちのえいぬ》十二月於堺根原打死諸人等巳成仏」と記されています。現在、境根原古戦場には大きな塚が二つあります。

④臼井城の合戦と三城攻略

一四七九年（文明十一年）正月十八日、道灌の弟太田図書助資忠と千葉自胤の一隊が臼井城を攻めたものの、城主臼井俊胤と合流した千葉孝胤の大軍が籠るこの堅城を、容易に抜くことはできませんでした。

約半年後の同年七月十五日に、太田軍が仮に陣払いをすると、臼井城の城兵はにわかに門を開いて切って出たので、資忠、自胤はこれを迎え討って城を攻め落としました。しかし、太田資忠はじめ太田家譜代の中納言佐藤五郎兵衛、桂縫殿助などの家臣五十三名が討ち死にするという大激戦となり、道灌は大きな犠牲を払いました。太田図書助資忠の墓は、彼が討ち死にした臼井城址三の丸跡にあります。

資忠、自胤等が臼井城を包囲している間に、道灌は景春与党の後詰めを断つために別働隊を率い、武田信高の真里谷城（木更津市）、武田信興の庁南城（長南町）、海上師胤の飯沼城（銚子市）を攻略しました。

⑤半農半武士の足軽隊

半年におよぶ長陣により兵士たちは、農作業のために帰郷することができなくなりました。道灌の足軽隊は、江戸城で特訓を受けた半農半武士であったので、農繁期の長陣には耐えられませんでした。臼井城包囲中に起こった「凶事」とは、一部の兵士が農作業のことが心配で、無断で帰還したことと思われます。

太田道灌軍と長尾景春軍との連戦の時期を調べてみると、八月と九月には、一度も戦が行われていません。それは、当時の麦の収穫時期と関係があると思われます。

⑥動かなかった関東管領

「御旗を寄せる」とは、関東管領の上杉顕定が加勢に来ることです。道灌は鉢形城の顕定に度々援軍を依頼したけれども、なぜか顕定は動かなかったのです。

金山城（太田市）の岩松家でさえ、二百騎を派遣してくれました。城攻めには多大な兵力が必要であり、道灌側は無勢でありました。

顕定は、なぜ加勢に駆けつけなかったのか。顕定は多分、この一戦の重要さと千葉軍の強盛さを、あえて理解しようとはしなかったのでありましょう。

顕定は道灌の高い軍事指導能力とやや独自性を貫く作戦指揮の取り方を十分知っていました。顕定が道灌に抱いた安堵と恐怖心は、確執となって顕定の行動を縛りました。このような確執は、いかなる組織の中にも時々ある組織内矛盾です。

⑦道灌の辛勝・成氏の朝敵赦免を推進

約半年にわたる臼井城の合戦は道灌にとって、最も大きな犠牲を払った城攻めでした。双方の損失を比較すると道灌側の敗北である、という説も当時からありました。それに対して道灌が「古河様の御刷今の如きは恐らくは御大儀たるべく候か」と記し、道灌側の勝利であると結論付けています。

また道灌が記している「今」とは、臼井城落城後の文明十一年後半であり、その頃この書簡が執筆されたと思われます。援軍を送らなかった顕定は、書簡を受け取りさぞかし複雑な思いであったでしょう。

臼井城の合戦で道灌は、「都鄙の和睦」に反対する千葉氏を攻撃して古河公方を強く支援した形となりました。

後年一四八二年（文明十四年）には、室町幕府の大御所足利義政は、古河公方足利成氏と上杉方の実力者越後上杉房定に御内書をくだし、成氏追討の命令は解除されました。「都鄙の和睦」に対して煮え切らなかった関東管領上杉顕定には、大御所足利義政からなんの相談もありませんでした。

「都鄙の和睦」は足利成氏の長年の願望であり、太田道灌の「関東御静謐」を実現するための戦略でもありました。

第二十三段　熊野堂様御進発の事

本　文

熊野堂様御進発之事、自当方申請様令覚悟方も候之歟。曾以無其儀候。於古河有御内談。為御證人立御申候之処、国中如思召無之候而、結句不慮江戸城へ被入御馬候。其巳後秩父御陣御難儀之時就古河様へ御申時儀、無量馬為御使被進候上者、御礼等御申可然旨申候処、御疎遠之様ニ候歟。誠口惜存候。

読み下し文

熊野堂様御進発の事、当方より申し請う様に覚悟せしむ方も之候か、曾《かつ》て以って其の儀なく候。古河において御内談あり。御証人として立つと御申し候の処、国中思し召す如く之なく候て、結句は不慮に江戸城へ御馬を入れられ候。

其の巳後は秩父御陣御難儀の時、古河様へ御申す時儀につき、無量馬御使のため進ぜられ候上は、御礼等御申して然るべき旨申し候処、御疎遠の様に候か、誠に口惜く存じ候。

現代語訳

熊野堂様御出発の事、当方（扇谷家）よりお願いしたように考えている方々もありますが、かつて今までそのようなことはありません。古河において（古河公方と熊野堂との）御内談がありました。（熊野堂は和睦の）御証人として出発するといっているところ、国中（上杉方）で（成氏の）考えを理解している者がいなかったので、結局は（熊野堂が）不意に江戸城へ御馬を入れられました。

その後は秩父御陣で苦労しているとき、古河様へ申しあげる段取りにつき、無量馬を御使のため派遣されたので、（古河公方への）御礼等を申しあげて然るべきと（道灌が顕定に）申しあげたところ、（顕定は道灌を）疎遠にしているようで、誠に口惜しく思います。

註　解

①熊野堂＝原注「熊野堂は古河御所甥なり、本源院守実、成氏弟周昉の子也、成氏と上杉和睦のとき江戸へ証人として来る」熊野堂殿守実は成氏の弟ともいう、歌人で太田道灌、木戸孝範とも懇意。

②立＝（たつ）発つ、御証人として出発する。

③秩父御陣＝文明十二年、道灌軍が熊倉城を攻撃したときの上杉方の陣所。

④時儀＝段取り。
⑤無量馬＝他本に無量寿寺とある、足利成氏からの遣いの者。
⑥御礼等御申可然旨申候処＝（御礼等御申して然るべき旨申し候処）「御礼」は古河公方に対する尊敬語、「御申」は主語（顕定）に対する尊敬語、「申候」は道灌の行動につけた謙譲語。
⑦御疎遠＝避けている、美化語、主語は顕定。
⑧口惜＝（くちおし）残念である。

解　説

①「都鄙の和睦」へ逡巡する上杉顕定といら立つ古河公方

「都鄙御合体」に積極的な古河公方は、広馬場の打ち合わせ（文明十年一月）にもとづき、段取りを進めるため、関東管領上杉顕定に遣いとして甥の熊野堂守実を送りました。しかし顕定は乗り気ではなく、打ち合わせは実現しませんでした。遣いの守実は、行き場を失い不意に道灌の江戸城へ馬を入れざるを得ませんでした。

上杉顕定は都鄙の和睦を承認したとはいえ「御礼等を御申して然るべし」という道灌の提案をけむたく思っていました。「御疎遠之様に候か」の一節に顕定の本心が表れています。関東管領の上杉顕定という人物は、「享徳の乱」という関東の大乱を、どのように収拾するかについて明確な政治思想をもっていない人物でありました。

そのような上杉顕定の煮え切らない対応に業を煮やした古河公方は、秩父御陣の頃再び、景春と気脈を通じる気配を見せました。第二十六段には、「古河様御変改」とあるので、古河公方は、秩父御陣で景春軍と対峙している上杉軍の背後をつく動きを見せました。古河公方の背後には、成氏支援に舵を切った、金山城の岩松家純もいました。

第二十四段　同九月景春長井城へ罷り移り

本　文

同九月景春長井城へ罷移、自其秩父引籠候。既御大儀候之処、忠景如異見者、先秩父御退治候者、長井城者自然可破候。於長井城被責諸勢候而者、以何勢秩父お可有御退治候哉由被申候。先以無余儀候歟。雖然道灌如申、秩父与長井何可輙候之哉、兵法ニハ打易与候間、先可被攻長井城候哉由申候間、私お被差向旨屋形へ被仰候歟。堅被申付候間、向彼城十一月二十八日江戸お罷立、十二月十日金谷談所へ着陣仕候処、忍城雑説候由粗申来候間、不慮越度候而者彌々可為難儀旨存、翌日二十九日久下へ寄陣、成田下総守付力候之間、彼城御無為候。御不審候者、事次如此申段成田ニ可有御尋候。

読み下し文

同九月景春長井城へ罷り移り、其より秩父へ引き籠り候。既に御大儀候の処、忠景の異見の如くは、先ず秩父を御退治候ば、長井城は自然に破れるべく候。長井城を諸勢責められ候ては、何なる勢をもって秩父を御退治あるべく候哉の由申され候。先ず以って余儀無く候か。然りと雖も道灌申す如くは、秩父と長井と何れか輙《たやす》かるべく之候哉。兵法には易きを打つと候間、先ず長井城を攻めらるべく候哉の由申し候間、私を差し向けられる旨屋形へ仰せられ候か。

堅く申し付けられ候間、彼城へ向い十一月二十八日江戸を罷り立ち、十二月十日金谷談所へ着陣仕り候処、忍城の雑説候由粗《あらあら》申し来り候間、不慮の越度候ては、彌々難儀たるべき旨存じ、翌日二十九日久下へ陣を寄せ、成田下総守に力を付け候の間、彼の城御無為に候。御不審に候ば、事の次いでに此の如く申す段成田に御尋ね有るべく候。

現代語訳

同（文明十一年）九月、景春は長井城へ移動し、それより秩父へ引き籠りました。（景春の動きが）既に厄介な問題になっていたところ、忠景の意見は「先ず秩父を退治すれば、長井城は自然に落城する。長井城を諸勢で攻めては、如何なる勢力をもって秩父を退治することができるか」との主張でした。先ずもって妥当であるようでした。しかし、道灌の主張は「秩父と長井と何れか討ちやすいか、兵法には易きを（先に）打つとあるので、先ず長井城を攻めるべきではないか」ということでした。それで、私が差し向けられるよう（忠景が）屋形へ言ったのであろうか。

（顕定から）堅く申し付けられたので、彼の城へ向って十一月二十八日江戸を出発し、十二月十日金谷談所へ着陣する（予定の）ところ、忍城に謀反のうわさがあるというおおよその情報が入ったので、不慮の落ち度があっては、ますます手に負えなくなると思い、翌日二十九日久下へ陣を寄せて成田下総守を激励したので、彼の城は平穏でした。御不審に思われるならば、事の次いでに只今申しあげたことを成田にお尋ねください。

註　解

①同九月＝文明十一年九月。
②長井城＝熊谷市西城、城主は長井斎藤利家。長井城とは、金鑽《かなさな》神社の御神体御室が岳に連なる金鑽御嶽城（埼玉県神川町）である、という地元郷土史家の新説も併存。【解説参照】
③御大儀＝厄介なこと。
④先秩父御退治候者＝（先ず秩父を御退治候ば）「者」は仮定を表わす接続詞。
⑤而者＝（〜ては）仮定を表す接続詞。
⑥余儀＝異論。
⑦輙＝（たやすい）いとも簡単な。
⑧兵法ニハ易きを（先に）打つ＝『孫子』にいわく「古の所謂善く戦う者は、勝ち易きに勝つ者なり」。

⑨金谷談所＝本庄市児玉町金屋、談所とは寺の学問所。
⑩忍城＝（おしじょう）成田氏居城、埼玉県行田市本丸。【第二十一段参照】
⑪雑説＝（ぞうせつ）種々のうわさ、成田氏が古河公方方へつくという謀反のうわさ。【第一段参照】
⑫越度＝（おちど）過失、失敗。
⑬久下＝（くげ）熊谷市久下。【解説参照】
⑭成田下総守＝成田親泰。【第二十一段参照】

解説

①景春の秩父引き籠り

一四七九年（文明十一年）九月以来、長尾景春は秩父へ引き籠り、それ以後は峠を越えて上武の平原へ攻め込むことはできなくなりました。文明九年一月の五十子急襲の時には、圧倒的に優位な勢力を持っていた景春方が、なぜここまで押し込まれたのでしょう。

太田道灌軍の速攻とりわけ、一日五十キロも移動できる道灌の足軽隊のスピードを、景春は誤算していたと思われます。また道灌の足軽戦法などの新戦術に加え御證状による国人衆の調略も景春にとっては想定外でした。

景春が引き籠ったのは、瑞巌寺（秩父市）隣接地の長尾城であったと思われます。瑞巌寺の裏の崖を登ると城址の物見台があります。近くに今も、堀之内という地名が残っています。

②金谷談所

金谷とは、本庄市の雉が岡城址の南の地名です。談所とは僧侶の学問所のことで梅檀林の意味です。本庄市金谷から三キロの神川町二ノ宮の大光普照寺（通称金鑽大師）は中世において、金鑽神社の別当寺で金鑽宮談所という学問所を持っていました。道灌は、その学問所を金谷の談所と呼んだと思われます。別当寺とは神仏習合において、神社が支配する寺のことです。

③新説・長井城は金鑽御嶽城

本文の註に「長井城主は長尾六郎」と記されています。

一四七九年（文明十一年）九月長尾景春が、秩父へひきこもる直前にも長井城に寄ろうとしたことから、長井城には景春の係累か親しい仲間がいたと推測されます。

近年、この二十四段にでてくる長井城は、熊谷市西城ではなく埼玉県神川《かみかわ》町二ノ宮の金鑽《かなさな》御嶽《みたけ》城で、長尾六郎とは、景春傍輩の長井六郎憲康であるという新説が出されています。

山内上杉方の平井城（藤岡市）が近くにあるので、反上杉の勢力が金鑽御嶽城にいることはあり得ないという反論もあります。しかし当時既に、顕定が守っていた天子の御旗は、鉢形城に移っていたので、平井城には上杉方の守備兵だけがいました。【第二十一段参照】

この段に「彼の城（長井城）へ向い（中略）十二月十日金谷談所へ着陣仕り候」とあるので、道灌は長井城攻撃のため金谷談所へ来たと思われます。そのとき道灌が、金谷談所近くの金鑽御嶽城を目指していたとする説には、地理的妥当性があります。また第二十六段で道灌が長井城を「長井要害」と呼んでいますが、その呼称は、岩場をもつ金鑽御嶽城の地勢にふさわしいものです

④太田道灌と久下氏

熊谷市久下の曹洞宗東竹院久杉寺は、久下直光が開基した久下氏の菩提寺です。久下氏は、忍城の配下にいて水路を開き良田を整備し勢力を増していました。

道灌はおそらく信頼する久下氏の館で、成田下総守に会い上杉方に留まるよう力をつけたと思われます。久杉寺近くの久下氏館跡は今、広大な荒川河川敷の中に埋もれています。

第二十五段　正月四日、景春は児玉へ蜂起せしめ候の間

本文

正月四日、景春児玉へ令蜂起候之間、同六日塚田へ罷越、其儘諸勢お相集、修理太夫大谷へ寄陣、同十三日沓掛へ相進。翌日児玉陣江可差懸其儀議定候之処、其後景春飯塚陣へ可致夜懸儀定候処、其夜其儘秩父江令退散候。其時節も当城ニ不被立御旗候者、時儀可為大切候歟。

読み下し文

正月四日、景春は児玉へ蜂起せしめ候の間、同六日塚田へ罷り越し、其の儘諸勢を相集め、修理太夫は大谷《おおや》へ陣を寄せ、同十三日沓掛《くつかけ》へ相進む。翌日児玉陣へ差し懸かるべく其の儀を議し定め候の処、其の後景春は飯塚陣へ夜懸け致すべく儀定め候処、其の夜其の儘秩父へ退散せしめ候。其の時節も当城に御旗を立てられず候は時儀大切たるべく候か。

現代語訳

（文明十二年）正月四日、景春は児玉で蜂起したので、（道灌は）同六日塚田へ出陣し、其の

まま諸勢を結集しました。修理太夫（定正）は大谷（深谷市）へ陣を寄せ、同十三日沓掛（深谷市）へ進軍しました。（定正は）翌日児玉陣を攻撃するべくその作戦を打ち合わせて決めました。その後景春は、飯塚陣に夜討ちをかけるべく決めていたものの、その夜そのまま秩父へ退散しました。其の時も（顕定が）鉢形城に御旗を立てられなければ、状況は厳しくなっていたでしょう。

註解

①児玉＝本庄市児玉の雉が岡城と推定。
②塚田＝埼玉県寄居町塚田。
③大谷＝（おおや）東松山市の大谷（埼玉県史）あるいは深谷市の大谷（深谷中世文書集）。
④儀＝作戦。
⑤沓掛＝（くつかけ）深谷市沓掛。
⑥飯塚＝飯塚次郎の舘、深谷市武蔵野。
⑦不被立御旗候者＝（御旗を立てられず候は）「者」は、過去の事実に反する仮定を表す接続詞。【第七段参照】
⑧当城＝鉢形城、道灌はこの書簡を鉢形城に届けたので、当城と記載。

⑨大切＝厳しい状況。

解　説

①地形簡要の証明

一八四〇年（文明十二年）正月四日に、景春が蜂起した児玉とは、雉が岡城と思われます。そこは、鎌倉街道上道から上杉氏の拠点平井城（藤岡市）へ向かう上杉道の分岐点でした。雉が岡城は、当初山内上杉家の拠点であったものの、手狭であったので支城になっていました。

道灌が第二十一段で主張したように、鉢形城は枢要の地であり、道灌の勧めにより、そこに顕定が入城しました。そのために、景春が飯塚陣攻撃をあきらめて雉が岡城から秩父へ退散しました。道灌は自らの見通しが正しかったことを主張しています。ちなみに、鉢形城から飯塚陣までは、約二キロです。

②長尾景春と秩父

長尾景春と秩父の因縁はまことに深いものがあります。景春の属していた白井長尾氏と秩父の薄《すすき》地域（小鹿野町）を領していた犬懸長尾氏とは縁戚関係がありました。景春の伯父であった犬懸長尾景明は秩父に所領を持っていました。景明の子であった景利は、後に秩父で戦い戦死しています。

　小鹿野町には、長尾氏の氏神である御霊《ごりょう》神社があり、その近くには、長尾氏の始祖鎌倉権五郎にちなむ権五郎坂もあります。

第二十六段　同二十日景春越生へ出張せしめ候の処

本文

同二十日景春越生令出張候之処、折節親候入道龍穏寺へ礼参合候之間、馳向令一戦得勝利候。其後道灌長井要害取合候。然者大石名字中被差越候間、相談、彼城令落去候。国中為御心安秩父御進発候処、古河様御変改。郡内御陣御難儀之時、先被閣日野要害、国中可被成堅固、屋形大森御陣参被申候処、無御承引候。然者、大石名字中道灌相共、当初竹澤辺歟高見辺歟打出、合交太山ニ陣取御旗ヲハ浦山河ヲ前当、被隠森、被立、多野陣衆付力、若於国中為難義者、被出御馬浦山河切所、御旗本衆有警固、多野陣衆被運越、高見在陣衆者峠馳上、山中可致警固、以其思慮異見申候処、無庶幾方候し。専道灌険難地罷遁度儀ニテ申様、覚悟方も候し間、老父召越、屋形相従。五月十三日郡内罷立、大石両人者翌日被罷出候処、東上野江御敵令蜂起候之処、所々討散候。然る間、当国於南方無心元子細候之間、道灌者卒度江戸江罷越、左様之儀等申付、一両日候而高見へ打帰（出か）、少々帰宅者共召集、利根川端へ可寄陣之由存候処、凶徒令退散候之間、忠景相談、向新田可越利根川旨、令儀（議）候処、初者致同心、既に日限相定候処、自身者不可出候間、六月十三日秩父御陣参陣、此由申候。長尾孫五郎、相共可罷立旨覚悟候処、当御陣祇候、先日野城落居可急旨蒙仰候間、色々様々心尽仕候故、彼城被討落候事、是道灌非功候哉。無幾程被思召忘、道灌申所支申人躰御許容、彼等何程功候哉、承度存候、誠自称申事、還傍若無人候歟。

読み下し文

同二十日景春越生へ出張せしめ候の処、折節、親に候入道龍穏寺へ礼に参合し候の間、馳せ向い一戦せしめ勝利を得候。

其の後道灌は長井要害で取り合い候。然れば大石名字中《みょうじなか》差し越され候間、相談《あいだん》じ、彼の城落去せしめ候。国中の御心安き為、秩父へ御進発候処、古河様が御変改。郡内の御陣御難儀の時、先に、日野要害を閣《かく》せられ、国中を堅固になさるべく、屋形の大森御陣へ参じて申し候処、御承引無く候。

然らば、大石名字中と道灌相共に、当初竹澤辺か高見辺かへ打って出て、太山に合い交り陣を取り、御旗ヲハ浦山河ヲ前に当て、森を隠されて立てられ、多野陣衆に力を付け、若し国中において難義(儀)たれば、御馬を浦山河切所へ出され、御旗本衆の警固有り、多野陣衆を運び越され、高見在陣衆は峠に馳せ上り、山中を警固致すべく、其の思慮を以って異見を申し候処、庶幾無き方候し。専ら道灌は険難の地を罷り遁れ度き儀にて申す様、覚悟の方も候し間、老父を召し越し、屋形へ相従わせる。

五月十三日郡内を罷り立ち、大石両人は翌日罷り出でられ候処、東上野へ御敵蜂起せしめ候の処、所々で討ち散らし候。然る間、当国の南方において心元なき子細候の間、道灌は卒度《そっど》江戸へ罷り越し、左様の儀等を申し付け、一両日候て高見へ打ち帰へりぬ。少々帰宅者共を召し集め、利根川端へ陣を寄せるべき由存じ候処、凶徒退散せしめ候之間、忠景と相談じ、新田へ向い利根川を越すべき旨、議せられ候処、初めは同心致し、既に日限相定め候処、自身は出ずべからず候間、六月十三日秩父御陣へ参陣、此の由を申し候。

長尾孫五郎、相共に罷り立つべき旨覚悟候処、当御陣へ祗候し、先に日野城落居を急ぐべき旨仰せ蒙り候間、色々様々心を尽し仕り候故、彼城討ち落され候事、是道灌の功に非ず候哉。幾程もなく思召し忘れられ、道灌申す所を支え申す人躰を御許容、彼等に何程の功候哉、承り度く存じ候。誠に自称を申す事、還って傍若無人に候か。

現代語訳

同（文明十二年）一月二十日、景春が越生へ出てきたところ、折しも親である入道（太田道真）が龍穏寺での礼に参合していたので、馳せ向い一戦して勝利を得ました。

其の後道灌は、長井要害で取り合いをしました。それで大石名字中が派遣されたので相談し、その城を落城させせました。（武蔵）国中が安泰であるため（顕定が）秩父へ御進発されたところ、古河様がお心変わりしました。（秩父）郡内の御陣が御難儀の時、日野要害を差しおかれ、先に（武蔵）国中を堅固になさるべく、（道灌が）屋形（顕定）の大森御陣へ参って申したところ、御承認ありませんでした。

それならばとて、大石名字中と道灌が一緒に、当初竹澤辺か高見辺かへ打って出て、太山に交じり合って陣を取り、（顕定が）御旗を浦山河を前にして森を隠して立てられ、多野陣衆に力を付け、若し国中が難儀であれば、御馬を浦山河の切所へ出されて御旗本衆に警固させ、多野陣衆を呼び出され、高見在陣衆は峠に馳せ上らせて山中を警固させるよう、其の案をもって具申したところ、賛意を得られませんでした。専ら道灌は険難の地をあえて遁れたいために申している、と考える者もいたので、老父を呼び寄せ、屋形（顕定）へ従わせました。

五月十三日（道灌は秩父）郡内を出発し、大石両人は翌日出発したところ、東上野へ敵が蜂起したので、所々で討ち散しました。そうすると、当国（武蔵）の南方において心配な様子があったので、道灌は急遽江戸へ戻り、用心をすること等を申し付けました。一両日過ぎて高見へ帰り、帰宅者共を少々召し集め、利根川端へ陣を寄せるべきと考えていたところ、凶徒は退散しました。それで忠景と相談し、新田へ向い利根川を越えるように打ち合わせていたところ、（忠景は）初めは賛成し、既に日程を定めていたのに自身は出発できなかったので、六月十三日秩父御陣へ参陣してこのことを（顕定に）申しました。

長尾孫五郎と一緒に出発するように考えていたところ、当御陣へ祗候し（顕定から）先に日野城落城を急ぐよう命令をうけたので、色々様々心を尽した故、彼の城が討ち落された事は、これは道灌の功ではありませんか。（顕定は）幾程もなく忘れられ、道灌が申すことを妨害した連中を御許容されました。彼等に何程の功がありましたか、承りたく存じます。事実通り（道灌が）自分の業績を称えることは、かえって傍若無人になるのでしょうか。

註解

①龍穏寺＝（りゅうおんじ）原注「越生会下寺」。文明四年、太田道真・道灌が再興した埼玉県越生町の曹洞宗長昌山龍穏寺、寺域に道灌、道真の墓所があり、本堂前に太田道灌の銅像（橋本次郎制作）設置。

②折節＝（おりふし）折しも、ちょうどその時。

③長井要害＝長井城、熊谷市の西城。埼玉県神川町の御嶽城の説も併存。【第二十四段参照】

④落去＝落居、落城、結着。

⑤古河様御変改＝古河公方の心変わり、戦略変更。【解説参照】

⑥大石名字中＝上杉方宿老の大石遠江守と推測。【第九段参照】

⑦郡内＝秩父郡内
⑧日野要害＝秩父市荒川の日野城、現在は熊倉城と呼称、築城前は、秩父高佐須と呼ばれていたと推定。【第一段参照】
⑨閣＝（かくす）差しおく、後回しにする、の意味。【類例、閣筆】
⑩大森御陣＝秩父市上影森の上杉方本陣。【解説参照】
⑪然者＝（しかれば）そうであるから、理由を表す副詞。
⑫太山＝秩父市の宝登山（ほとさん）か。
⑬浦山河＝秩父市の荒川支流浦山川か皆野町の浦山川。
⑭浦山川切所＝秩父市久那の河原か皆野町親鼻の河原。
⑮多野＝秩父市の日野田野か皆野町の下田野。
⑯大石両人＝大石名字中と大石一族のもう一人。
⑰東上野江御敵＝利根川端の諸勢力。古河公方配下の勢力か。
⑱卒度＝（そつど）卒然、にわかに。
⑲新田＝太田市新田の金山城。【解説参照】
⑳初者＝（はじめは）最初、「者」は時の区別を表す助詞。
㉑長尾孫五郎＝総社長尾の者か。

㉒支申人躰＝（ささえもうすにんてい）抵抗する勢力。道灌の意見に反対する者たち、申隔人躰。【第一段参照】
㉓自称＝自分の業績を語ること、自らを称える手柄話。

解説

①景春の越生襲撃

一四八〇年（文明十二年）正月二十日、長尾景春は、秩父の狭隘な雪の峠道を数十騎で越え、飯盛峠を経て越生へくだりました。そして龍穏寺に参礼していた太田道真を脅かして、すぐ退却したと思われます。道真は越生の自得軒に隠居していたものの、少々の備えと手勢を持っていました。

隠居した道真を攻撃しても戦術的にはあまり意味はなく、追い詰められた景春が、旧知の道真に気張って見せた、陽動作戦でした。それは長井要害を攻める道灌に対するけん制であったのかもしれません。

②「古河様御変改」成氏の駆け引き

古河公方足利成氏は、上杉氏の斡旋で幕府との和睦交渉を進めるため、長尾景春への支援を中断していました。その交渉が進展しないので、業を煮やして「古河様御変改」すなわち再びの景春支援をしようとしました。古河公方の行動目的は終始、都鄙の和睦により朝敵の烙印を消すことでした。

道灌は古河公方軍が、釜伏峠あるいは粥煮峠《かゆにたとうげ》を越えて秩父までも攻め込んでくる場合の対応を、机上プランしていました。しかし結局、古河公方は秩父に攻め込むことはなく、そのプランは実行されませんでした。

③大森御陣

大森御陣（秩父御陣）跡は、地元の郷土史家の調査では、秩父市上影森の札所二十七番の大淵寺から諏訪神社のあたりと推定できます。

地元旧家が所蔵する明治時代の古絵図によると、大淵寺の前には大門という地名があり、土塁が確認されます。またこの場所には、秩父往還道が通り、神社東側に神原（陣原）の地名も残っています。諏訪神社境内に樹齢七百年の古木があり、ここから熊倉城までは指呼の間です。

④道灌と忠景との不協和音

『太田道灌状』の中には、太田道灌と関東管領家の家宰長尾忠景の不協和音が随所に見られます。そもそも、最初に長尾景春が五十子に攻め込んできたときの対応について、二人の意見は反りが合わず、道灌は「忠景心底には、偏に隔心のように見え候」と記しています。【第

七段参照】

そのあと道灌が駿河へ出張したとき、道灌の報告に対して「忠景の一度の音信に預からず候」ということで、帰還後に道灌はへそを曲げて江戸城に籠ってしまいました。【第八段参照】

また、用土が原の戦の直前でも、道灌と忠景の作戦案が合わず、道灌軍は単独行動を起こしたので忠景は「その期に臨んで様々に」文句を言いながらも、結局は道灌の作戦にしたがって戦い大勝利しました。【第十五段参照】

上州の塩売原で上杉軍が景春軍と対峙したとき、忠景軍の遅参により敵軍を討ち逃がしてしまったので、道灌は「今に於いても無念に候」と愚痴を述べています。【第十六段参照】

そして秩父御陣では、忠景が日野城を先に討つよう主張したのに対し、道灌は「秩父と長井と何れがたやすかるべく候や、兵法には易きを討つと候」と言って長井城を先に討つよう主張したので、忠景は面子をつぶされ、道灌が長井城へ派遣されました。【第二十四段参照】

そのあと道灌と忠景が新田（金山城）へ行く予定であったところ「既に日限相定まり候処自身（忠景）は出るべからざる由申し候」ということで、忠景は道灌との約束を土壇場でキャンセルしました。【第二十六段参照】

同じ上杉軍団の中で、幹部間のこれほどの不協和音は異常事態というべきです。しかし太田道灌の強力なリーダーシップで、当面問題は顕在化しませんでした。

⑤新田・金山城・岩松氏の動向

上野新田荘の難攻不落の名城金山城に、新田岩松家純が拠り、陣僧松陰が仕えていました。『松陰私語』によると道灌は、一四七八年（文明十年）に二駄の土産を持って金山城を表敬訪問し、家宰の横瀬国重と陣僧松陰とで意味深長な会談を持ちました。

道灌はおそらく、長尾忠景と共に大森御陣より金山城へ再び出張し、変改した古河公方に岩松家が追随しないよう、交渉するつもりであったでしょう。しかし古河公方は、フェイントをかけただけで秩父の峠を越えることはありませんでした。

⑥熊倉城（日野要害）落城

道灌は、親類である長尾景春が楯こもる熊倉城（日野要害）攻撃を、古河公方の動きを理由にして方々へ出張り、なるべく遅らせようとしていました。しかしその心底を見破られて周囲から非難されたので、道灌はやむなく熊倉城攻撃をはじめたと思われます。「色々様々心を尽し仕り候故、彼の城討ち落され候」と道灌は簡潔に記しているだけです。

今日熊倉城址の周辺には、多くの遺構や伝承地があります。城址の西方白久駅側には、一ノ木戸遺構や月が峯の空堀があります。東方の日野駅側には、矢通反《やとうぞり》とか飯米場《はんめいば》といわれる戦の伝承地があります。

大串の弥七郎の働きや水の手を絶たれることなどで熊倉城は、文明十二年六月二十四日に落城しました。城兵は四散し、城主長尾景春は秩父の山峡に消え、たくさんの景春伝説を残しました。

おそらく道灌は、若き日の戦友長尾景春が、落ちていくのを追わずにずっと見ていたでありましょう。これが太田道灌と長尾景春の最終戦でありました。【第一段参照】

道灌は熊倉城落城後に、その功は自分にあると言いながらも、そのように主張すれば「傍若無人に候か」と一分の自戒と警戒心をにじませています。

第二十七段　去年以来衣躰と罷り成り

本　文

去年以来者衣躰罷成、雖閑人一分候、《不得已走廻候間、猶以可預御感歎之由存候処》、剰無情御刷、併不運至候、畢竟無覚悟徘徊故候歟由、深令慙愧候。《　　　》の部分は『国学院本』より補充、『松平本』には欠落。

読み下し文

去年《こぞ》以来衣躰《えたい》と罷り成り、閑人の一分に候と雖も、《已《や》むを得ず走り廻り候間、猶以《なおも》って御感《ぎょかん》に預かるべきかの由存じ候処》、剰《あまつさ》え無情の御刷《おんかいつくろい》、併《しかしな》がら不運に至り候。畢竟《ひっきょう》覚悟なき徘徊故に候歟の由、深く慙愧《ざんき》せしめ候。

現代語訳

去年（文明十一年）以来出家をして、閑人の一人になったといえども、《やむをえず走り廻ったので、やはり（上杉顕定からの）お褒めに預かるかと思っていたところ（なにもなく）》、それどころか冷たい対応をされて、意に反してたいへん不運でありました。結局は、（自分が）

思慮なく走り回っただけのことであったのか、と深く心に恥じています。

註　解

①去年以来者＝去年（こぞ）は「昨年」の意味、「者」は時を表す置き字。【解説参照】
②衣躰＝（えたい）出家。【解説参照】
③猶以＝（なおもって）やはり。
④御感＝（ぎょかん）（天皇や君主などが）感心すること、褒めること。
⑤剰＝（あまつさえ）それどころか、ある上にさらに加えて。
⑥併＝（しかしながら）意に反して。
⑦畢竟＝（ひっきょう）所詮、結局。
⑧慙愧＝（ざんき）心に恥じること。

解　説

①「道灌」衣躰の時期の疑義

太田資長が「道灌」と名乗りはじめた正確な時期は不明です。「道灌」名義の初出文書は、一四七八年（文明六年）六月の「武州江戸歌合せ」です。そうすると、長尾景春の乱（文明八年）以降に書かれた『太田道灌状』の中の「去年以来者衣躰と罷り成り」という表現には時間的な矛盾が生じます。

②悲痛の警句「無情の御刷」・謎めいた異質な内容

この段の最初には、道灌の法号名乗りの時期について疑義があります。また記述内容に、長尾景春の乱にかかわる具体的な人名や地名が記されてなく「御感《ぎょかん》に預かるべきかの由」などという、抽象的な愚痴があります。他の段と比べて明らかに異質です。この段は多分、道灌と「無情の御刷」の思いを共有する人物が、写本を作るとき道灌になりすまし、管領山内顕定へ訴えるように書き加えたものでありましょう。

この段の最後に、原注「是ハ山内殿へ述懐ノ申様」と意味ありげに記されています。【第三十九段参照】

第二十八段　当方に同心候御奉公衆並びに両国の一揆

本　文

当方同心候御奉公衆並両国一揆、其他当方家風中忠節事者、一々委不及申候。吉良殿様御事、自最初江戸城ニ御籠候。彼以下知城中者共動、数ヶ度令合戦得勝利候。

読み下し文

当方に同心候御奉公衆並びに両国の一揆、その他当方家風中の忠節の事は、一々委しく申すに及ばず候。吉良殿様の御事は、最初より江戸城に御籠り候彼の下知《げち》を以って城中の者共に動き、数ヵ度合戦し勝利を得せしめ候。

現代語訳

当方に味方する御奉公衆と武蔵、相模の一揆、その他当方の家中の忠節をつくした者たちについて、一々委しくは申しません。吉良様は、最初から江戸城に籠城しました。彼の指図で城中の者たちはともに行動し、数回の合戦に勝利を得ました。

註　解

①同心候御奉公衆＝味方する御奉公衆、「候」は連体形。同心とは、味方となること。御奉公衆とは、堀越公方の家臣たち。
②両国一揆＝武蔵、相模の国人衆、地侍たちの連合体。
③家風＝一家、広義の被官、家来。
④吉良殿様＝原注「吉良三郎成高（公方一族・世田谷殿とも蒔田殿とも云）」。正室は上杉定正妹。足利一門の名門であるため、二重の敬語表現。
⑤下知＝（げち、げじ）指図、命令。

解　説

①御報公衆の支援

一四七六年（文明八年）、道灌は駿河へ出張し、今川家の内紛を収めました。その帰途、伊豆北条の堀越公方を訪ね、一部始終を報告するなどして誠意をつくしたので、堀越公方家の御奉公衆の支援を受けたと思われます。

②世田谷城の吉良氏

吉良氏は足利一門において名門とされ、分家の今川家とともに、足利将軍家の連枝としての家格を有したものの武力が伴わずに家運は低迷し、大名として存続はできませんでした。

しかし、鎌倉公方家に仕えた吉良氏は「鎌倉公方の御一家」という別格の扱いを受けました。成高の代に武蔵国荏原郡世田谷（東京都世田谷区）に世田谷城を構え、同地に土着しました。以後、扇谷上杉家の太田道灌に同心し、遠征つづきの道灌に代わって江戸城代をつとめ活躍しました。世田谷城本丸は、現在の豪徳寺付近にあって世田谷城址公園まで城域が広がっていました。

忠臣蔵の吉良氏は本宗家の吉良氏で、成高は庶流の吉良氏です。

第二十九段　木戸参河守殿は同じく在城し候

本　文

木戸参河守殿同在城候、兵儀以下事、専彼（被）加彼異見候。被官白井次郎左衛門尉者、道潅同心ニ白井ニ令堪忍候。

読み下し文

木戸参河守殿は同じく在城し候。兵儀以下の事には、専ら彼の異見を加えられ候。被官白井次郎左衛門尉は、道灌同心に白井に堪忍せしめ候。

現代語訳

木戸参河守は同じく（江戸城に）在城しました。軍事以外の事には、専ら彼の意見が加えられました。その家臣白井次郎左衛門尉は、道灌に味方して白井城に籠城しました。

註　解

①木戸参河守殿＝原注「孝範、公方一族」、木戸孝範は堀越公方の奉行、歌人。【解説参照】

②同心ニ＝同心するために。
③堪忍＝籠城。

解説

①木戸孝範

木戸孝範は堀越公方足利政知につかえ、京都で歌人の冷泉持為《れいぜいもちため》に師事しました。彼は太田道灌に同心し、江戸城で軍事以外のことをとりしきった文官となりました。

一四七四年（文明六年）六月十七日、「武州江戸歌合せ」の席で孝範は、道灌とともに歌を詠んでいます。勇壮な道灌の歌に対して孝範の歌はややユーモラスです。

題・海上夕立

海原や水まくたつの雲のなみはやくもかえす夕立の雨　道灌

しほをふく興《おき》のくしらのわさならで一すちくもる夕立の空　孝範

孝範の号は羅釣翁、歌集に「孝範集」、著作に「自讃歌注釈」などがあります。

「新編武蔵風土記稿」と「江戸名所図会」には、木戸孝範が道灌の詩友万里集九とともに三河島に居住したことを伝え、その場所は武蔵国豊島郡の入江、隅田川の上流とあります。東京都荒川区三河島の地名は、木戸孝範の受領名の三河守に由来します。

第三十段　千葉実胤の事は

本　文

千葉実胤事者、雖当方縁者ニ被渡候、被招出大石石見守、葛西へ被越候、公方様へ内々被申旨候、雖然孝胤出頭事候間、依無許容、濃州辺江流落候。

読み下し文

千葉実胤の事、当方の縁者に渡らせ候と雖も、大石石見守に招き出され、葛西へ越され候、公方様へ内々申される旨候、然りといえども孝胤出頭の事候間、許容なきにより、濃州辺へ流落し候。

現代語訳

千葉実胤の事、当方（上杉氏）の縁者でいらっしゃったが、大石石見守に招かれ葛西へ行き、古河公方へ内々要望しました。しかし、千葉孝胤が出頭したので、許容されず濃州あたりへ流れ落ちました。

註　解

①千葉実胤＝武蔵千葉氏嫡流として、石浜城（東京都荒川区）に入城、弟は赤塚城主千葉自胤。
②渡＝（わたる）ある、行く、来る、歩く、の敬語。
③被招出大石石見守＝（大石石見守に招き出され）大石石見守は意味上の主語。
大石石見守は、葛西城主、長尾景春与党。【第九段参照】
④葛西＝（かさい）大石石見守の居城址、葛西城址公園は東京都葛飾区青戸七丁目。
⑤濃州＝（のうしゅう）千葉実胤の所領、岐阜県可児郡御高町の大寺山願興寺がその隠棲先。
⑥流落＝落ちぶれていくこと。

解　説

①千葉実胤の優柔不断

千葉実胤は、千葉孝胤と断固戦うという道灌の意に反し、自らの下総復帰を古河公方に依頼しようとする中途半端さを持っていました。『太田道灌状』の文面から読み取れることは、そのことに対する道灌の不快感です。実胤は病弱であったとも、讒言にあったともいわれていてその後、所領の濃州へ流落して生涯を終わりました。

第三十一段　自胤の事は

本　文

自胤事者、江古田原合戦時刑部小輔一所馳加、自身被打太刀、上州自御下向刻、江戸城へ籠給候。彼家風中度々合戦働無比類候。

読み下し文

自胤の事は、江古田原合戦の時、刑部小輔《ぎょうぶのしょうゆう》と一所に馳せ加わり、自身太刀打たれ、上州御下向の刻より、江戸城へ籠り給い候。彼の家風中度々の合戦の働きは比類なく候。

現代語訳

（千葉）自胤の事は、江古田が原合戦の時、刑部小輔とともに参戦、自身で太刀を振るわれ、（顕定が）上州へ下向してから江戸城に籠城してくれました。彼の家中の者たちの度々の合戦での働きは比類ありません。

註解

①自胤＝（これたね）千葉自胤、武蔵千葉氏、武州赤塚城主。赤塚城址は、東京都板橋区赤塚の都立赤塚公園。

②江古田原合戦＝文明九年四月の道灌軍と豊島軍との合戦。【第十四段参照】

③刑部小輔＝（ぎょうぶのしょうゆう）原注「相州七沢の城主、扇谷定正弟朝昌」。【第十三段参照】

④打太刀＝（太刀を打つ）太刀を振るう。【解説参照】

⑤給候＝（たまいそうろう）～してくれました。尊敬と丁寧の二重の助動詞。

解説

①武蔵千葉氏

千葉自胤は、武蔵千葉氏として、道灌の庇護のもと活躍して赤塚城に拠り、近隣に勢力を張りました。武蔵千葉氏は、道灌没後は後北条氏の配下に入り、豊臣秀吉の関東攻めで落城しました。

②上州御下向

一四七七年（文明九年）五月の用土が原合戦後、上杉顕定は道灌の献策に従って白井城に入り、年末の広馬場対峙の頃まで在城しました。

その頃より道灌は、遠征に次ぐ遠征で、江戸城へもどる余裕はほとんどなかったので、信頼できる盟友たちに江戸城警護をさせました。【第十五段、第十六段参照】

③太刀と打刀

『太田道灌状』には、「打太刀」（太刀を打つ）という表現が度々出てきます。当時の武士が用いたものは、太刀でありました。太刀とは、日本刀のうち概ね二尺（約六十センチ）以上の長刀で、反りが大きく、腰から下げるかたちで佩用するもので騎馬武者用です。ちょうど道灌の時代から、歩兵が地上戦で使う際に、使い勝手がよい打刀《うちがたな》が出現してきました。

第三十二段　宅間讃州様並びに本郷入道殿の事

本　文

宅間讃州様並本郷入道殿事、自河越御移刻、道灌奉憑候之間、河越ニ御在城候キ。左衛門佐殿、六郷五郎殿事者、如御存知修理太夫御同心ニ上州御下向候。

読み下し文

宅間讃州様並びに本郷入道殿の事、河越より御移りの刻に、道灌憑《たの》み奉り候之間、河越に御在城候キ。左衛門左殿、六郷五郎殿事は、御存知の如く修理太夫御同心に上州へ御下向し候。

現代語訳

宅間讃州様並びに本郷入道殿の事、（定正が）河越より移動された時に、道灌が強く頼んだので河越城に在城しました。左衛門左殿と六郷五郎殿は、御存知のように修理太夫に従って上州へ下向しました。

註　解

①宅間讃州＝原注「憲能、上杉一族」、憲能は宅間上杉氏。
②本郷入道＝原注「上杉一族」。
③左衛門佐殿＝原注「上杉憲時、憲能男」
④六郷五郎殿＝原注「上杉憲香、憲能弟」
⑤上州御下向＝用土が原の戦後、両上杉氏は道灌の献策に従って、白井城に入城。

解　説

①河越城留守の手配

河越城主上杉定正が、河越城から移動したとき、籠城兵のことも、道灌が頼んで段取りをしていたことがわかります。

第三十三段　長井殿の事は

本　文

長井殿事者、白井御座内ニ顕其色、於在々所々自身太刀打、家風数多討死。粉骨定巨細不被知召候哉。能々存知之人躰ニ、于今有御尋、速々其覚悟簡要候。白井へも為代官筑地、藍原、神保両三人令参陣候キ。

読み下し文

長井殿の事は、白井御座内に其の色を顕し、在々所々に於いて自身で太刀を打ち、家風数多討死す。粉骨、定めて巨細《こさい》に知ろし召されず候哉。能く々々存知の人躰に、今に御尋ね有り、速々にその覚悟簡要に候。白井へも代官と為て筑地、藍原、神保両三人参陣せしめ候キ。

現代語訳

長井殿（広房）の事は、白井御座でその態度を明確に表し、各地で自身で太刀を振り、家中の者が多数討ち死にしました。（顕定は）奮闘の詳細をきっとご存知ないのではありませんか。よく知っている者に、すぐに尋ねて、早急に対応を決めることが肝要です。（長井殿は）白井城へも代官として筑地、藍原、神保の三人を参陣させました。

註　解

①長井殿＝原注「長井大膳太夫広房、扇谷婿」長井城主。
②白井御座＝（しろいぎょざ）白井城。【解説参照】【第二段参照】
③顕其色＝（その色を顕す）態度、行動で味方であることを明確にしたこと。
④不被知召候哉＝（知ろし召されず候哉）「知ろし召す」は「知る」の尊敬語、したがってその主語は顕定。
⑤巨細＝（こさい）粗いことと細かいこと、詳細、一部始終。
⑥覚悟＝実情を知って対応を決めること、具体的には恩賞を決めること。

解　説

①武蔵の長井氏は二系統

長井城址すなわち熊谷市西城に「史跡・本丸跡の碑」があります。碑の裏面に詳細な長井氏の由緒が記されています。

一方この段の原注の長井広房は、出羽長井氏の片倉城主です。長井広房は扇谷上杉家より正室を迎えていました。

片倉城址は東京都八王子市片倉町にある連郭式城郭址・都立片倉城址公園です。この公園は、彫刻の森公園となっており、彫刻家北村西望の自刻像もあります。【第二十四段参照】

②「速々にその覚悟簡要に候」道灌の流儀

渋川市の白井城は、山内上杉家の家宰であった長尾景仲築城の崖城で、一四七七年（文明九年）の広馬場の陣での上杉方指揮所でした。

長井氏が、上杉方にとっては、広馬場の陣以来の味方であり多大の戦功があったにもかかわらず、管領上杉顕定からの恩賞がないので、道灌が気をもんでいます。

「速々にその覚悟簡要に候」という一句には、現場の最前線で電光石火の指揮をとりつづけた太田道灌の流儀が如実に語られています。しかし、上杉顕定はおそらく、道灌の提言の重要性を理解できず、ただ疎ましく思ったのです。

第三十四段　相州には三浦介方、数ヶ度合戦す

本　文

相州ニハ三浦介方数ヶ度合戦、当方骨肉候之間、勿論候歟。

読み下し文

相州には三浦介方、数ヶ度合戦す、当方の骨肉に候の間、勿論に候か。

現代語訳

相州では、三浦介方が、数度の合戦で戦いました。当方の親類なので当然のことです。

註　解

①三浦介＝相模三浦氏の当主、三浦義同（道寸）。
②当方＝扇谷上杉氏。
③骨肉＝（こつにく）親類、三浦義同の父、高救《たかひら》は上杉定正の異母兄。

解説

①三浦介・義同（道寸）

三浦義同の法号は道寸、定正の甥、大森氏頼の孫、新井城主三浦時高の養子です。三浦義同の娘は、太田資康（道灌の息子）の正室。相州の合戦すなわち小机城、奥三保の合戦などで、三浦氏は奮戦しました。

一五一三年（永正十年）、三浦義同が新井城（三浦市）で伊勢新九郎に攻められたとき、太田資康は援軍を率いて駆けつけたものの衣笠城（横須賀市）付近で、北条軍に敗れて戦死したと伝えられています。衣笠城址ちかくの大明寺に太田資康の墓所があります。

第三十五段　渋河左衛門佐殿の御事は

本　文

渋河左衛門佐殿御事者、板倉美濃守自最初道灌以同心儀、相州所々令合戦、御迎参、於用土原御合戦時も擢手、白井江も致御共、御再興以後小机並相州奥三保下総境根原合戦時も戦功異他候。左衛門殿者白井御留守、相州並鎌倉辺於所々、ご自身被打太刀、御家風中少々討死、御粉骨無比類候処、御名字地渋川庄于今令相違之段、都鄙聞、誠不可然存候。

読み下し文

渋河左衛門佐殿の御事は、板倉美濃守は最初より道灌に同心の儀をもって、相州所々にて合戦せしめ、御迎に参り、用土原の御合戦の時も手を擢き、白井へも御共致し、御再興以後小机並びに相州奥三保、下総境根原合戦時も戦功他に異なり候。

左衛門殿は白井御留守、相州並びに鎌倉辺りの所々において、ご自身太刀打たれ、御家風中で少々討ち死にし、御粉骨比類なく候処、御名字の地渋川庄今も相違せしむるの段、都鄙に聞え、誠に然るべからず存じ候。

現代語訳

渋河左衛門佐殿の事は、（家老の）板倉美濃守が最初より道灌に同心の行動をとって、相州の所々にて合戦をし、（顕定を）お迎に参り、用土原のご合戦の時も相手を討ち、白井（城）へもお伴をし、ご再興以後も小机城ならびに相州奥三保、下総境根原合戦の時も戦功が他に勝っています。

左衛門殿は白井城に留って守り、相州ならびに鎌倉辺りの所々において、ご自身太刀を振るい、御家臣が少々討ち死にし、ご粉骨比類ないところ、ご名字の地渋川庄が今も安堵されていない事実が、都鄙に聞え、誠にあってはならないことと思います。

註　解

①渋河左衛門左＝渋川義鏡《よしかね》、「川」が「河」と表され、渋川氏は家格が高いので「御事」と尊敬表現をしています。【解説参照】
②板倉美濃守＝原注「渋川家老」
③相州所々＝小沢城、小磯城等。
④御迎参＝（お迎に参り）太田道灌とともに河内御座まで顕定を迎えに行ったこと。
⑤御再興＝顕定が河内御座から武蔵へ戻ったこと。

⑥名字の地＝本貫地、名字発生の由来となった土地、先祖相伝の開発所領、渋川庄。
⑦段＝（～之段）～のこと、～すること。

解　説

①渋川義鏡と蕨城址

渋川氏は清和源氏足利氏の一門で、鎌倉時代、足利泰氏の子義顕が上野国群馬郡渋川（渋川市）に土着して、渋川氏を名乗ったことに始まります。渋川氏の子孫は、元弘から建武の内乱期において、足利尊氏に従って京都で活躍しました。

渋川義鏡は、室町時代後期に堀越公方足利政知の補佐役として共に関東へ下向しました。武蔵蕨郷《わらびごう》（現在の埼玉県蕨市）に分家が存在していた事、渋川氏が足利氏一族でも家格が高い家柄（政知の異母弟）であった事が理由であったといわれています。

埼玉県蕨市中央に蕨城址があり、その本郭あとに巨大な「蕨城址碑」があります。碑の裏面に、諸橋轍次撰の長い碑文が刻まれています。いわく「蕨城の歴史は尚《ひさ》し貞治年間武蔵国司渋川義行ここに城居し長禄元年曽孫義鏡関東探題として鎮を定めてより二百余年代々渋川氏の拠るところとなる（後略）」と。渋川義鏡は、関東下向後に山内上杉家に所領を没収され、後に、扇谷上杉家とも対立して失脚しました。

第三十六段　一色奥州の御事

本　文

一色奥州御事、自富田御陣暫時、御帰宅候之処、上州へ御移候之間、江戸之城被馳籠候の処、於路次被押隔方々被相忍、是又渋川殿御同心ニ御働異他候。関東惣別儀、雖不私（和）候、今度題目、自御家風中乱起事候処、諸家如此之段、被奉対鉢形非御志候之哉。此の大乱急度難属御静謐候間、為向後御報謝不可被（有）懈候歟。

読み下し文

一色奥州の御事、富田御陣より暫時、御帰宅候の処、上州へ御移り候の間、江戸の城に馳せ籠られ候の処、路次において押し隔てられ方々で相忍ばれ、是また渋川殿御同心に御働き他に異り候。

関東惣別の儀、不私（和）に候と雖、今度の題目は、御家風中より乱起る事に候処、諸家此の如きの段、鉢形に対し奉られる御志之候わず哉。此の大乱は急度御静謐に属し難く候の間、向後のため御報謝懈《おこた》り有るべからず候か。

現代語訳

一色奥州の事、（顕定が）富田御陣から暫時御帰宅されて上州へ移動されるので、（一式奥州が）江戸の城に馳せ籠るとき、路次において封鎖されて方々で耐え忍ばれました。これまた渋川殿に御同心した御働きで他に異なります。

関東和睦の事が実現されていないとはいえ、今度の問題は、（上杉）御家臣中より乱が起ったことであり、諸家のこのような動きは、鉢形（顕定）に対し奉られる忠義の御志があるからではないでしょうか。この大乱はすぐには解決し難いので、今後のため（諸家への）感謝と御礼を怠ってはいけないと思います。

註　解

①一色奥州＝足利一族。

②富田御陣＝寄居町富田、男衾公園のあたりか。用土原の合戦で、景春軍の残党掃討のため、上杉顕定が富田に張った陣。【第十五段参照】

③御帰宅候之処、上州御移候之間＝（御帰宅候の処、上州へ御移り候の間）「御帰宅」「御移」の主語は敬語により上杉顕定。

④路次＝登城、参陣の途中。

⑤関東惣別儀＝上下御一統、上州御申し合わせの首尾、都鄙の和解。【第二十一段参照】
⑥御家風中乱＝原注「山内上杉家人忠景景春私乱也」、長尾景春の乱。
⑦急度＝すぐに、必ず。「急度難〜」は（すぐには〜しない）という一種の部分否定。【第十二段参照】

解　説

①「**御報謝懈り有るべからず**」

河内御座に孤立した上杉氏の亡命政権が、辛くも復活したのは、道灌の電光石火の各個撃破の反撃と調略という外交手腕によるものでした。したがって味方となった国人衆をつなぎとめるためには、御報謝すなわち出仕の承認、所領安堵、感状の発給などさまざまな対策がすぐに必要でした。

道灌の処には、一色奥州が路地で難儀をしたような細かい情報まで届いていました。情報の価値を察して適切に素早い対応をするところには、情報が集まります。

道灌は「御報謝懈《おこた》り有るべからず」の一言で、二十二歳年少の顕定に、人情の機微とものの道理を教えたのでした。しかし顕定は、鈍感と慢心により、国人衆に対しての「御報謝」を遅滞させ、あまつさえ道灌への反感をつのらせました。

第三十七段　大森信濃守の事は

本　文

大森信濃守事者、父子兄弟間相分而、自最初致御方、江古田・用土原・相州奥三保・下総境根原・臼井城下、於所々合戦一度無懈励戦功候キ。河村大和守事者、於何方も無戦功剰先年於臼井御難儀刻、不及御暇逃帰候間、既被遣討手候之処、不追付罷帰候。如此候之処、大和守被替思召無常御刷、歎敷次第候。

読み下し文

大森信濃守の事は、父子兄弟間で相分れ、最初より御方致し、江古田、用土原、相州奥三保、下総境根原、臼井城下、所々に於いて合戦して一度も懈《おこた》り無く戦功に励み候キ。

河村大和守の事は、何方に於ても戦功無く、剰え先年臼井に於いて御難儀の刻、御暇にもおよばず逃げ帰り候間、既に討手を遣わせられ候の処、追い付かず罷り帰り候。此の如く候の処、大和守思《おぼ》し召《め》し替えられ無常の御刷《おんかいつくろい》、歎かわしき次第に候。

現代語訳

大森信濃守は、父子兄弟間で分れ、最初より味方をし、江古田、用土原、相州奥三保、下総境根原、臼井城下、所々において合戦して一度も怠りなく戦功に励みました。

河村大和守は、どこにおいても戦功なく、その上先年臼井において難儀をしたとき、暇乞いの挨拶もせずに逃げ帰ったので、すぐに追手を遣わしたところ、追いつかず帰ってきました。そのようであったところ、(顕定が)大和守への考えを変えられたことは、残念な御処置で、嘆かわしい事です。

註　解

①大森信濃守＝氏頼、原注「小田原城主藤頼」。【解説参照】
②河村大和守＝原注「相州住人」。【解説参照】
③臼井御難儀刻＝原注「文明九年七月」。【解説参照】
④不及御暇＝(御暇にも及ばず)暇乞いもせず、無断で。
⑤既＝(すでに)すぐに。
⑥大和守被替思召＝(大和守を思し召し替えられ)「大和守」は「思召す」の目的語。「替思召」とは、考えを替えること、再評価すること。

解説

①大森信濃守氏頼

大森氏頼は、扇谷上杉家の重臣で小田原城主、号は寄栖庵、日蓮宗信者として法華経に通じ日昇と名乗りました。

氏頼は、永享の乱の際に室町幕府方について上杉氏の指揮下に入ったものの、弟の憲頼は公方方につき対立しました。これを憂慮した太田道灌の尽力により、文明十年には大森氏の内訌が収まりました。

「所々に於いて合戦して一度も懈り無く戦功に励み候キ」とあるように、大森氏は道灌の全幅の信頼を得ていた盟友でした。

太田道灌没後に、氏頼は家中第一の重臣として重きをなしたものの、扇谷上杉家の今後に不安を抱き「大森教訓状」と呼ばれる諫言状を定正に送りました。上田上野介と大森氏頼は、常に道灌に味方する盟友であったことが、『太田道灌状』から読み取れます。【第十三段参照】

②河村大和守の逃亡

一四七七年（文明九年）五月中旬、上杉顕定は道灌の先導で河内御座から、用土が原の激戦を経て白井城へ移動し、五月から九月まで滞在しました。

この段の「先年白井に於いて御難儀の刻」とは、その間のことです。広馬場の決戦を前にして、司令官の道灌自らが、食料調達のため走り回っているのに、少々の困窮で逃げ帰った河村大和守を道灌は厳しく指弾しています。【第十六段参照】

③道灌の歎き・無情の御刷

この段の「歎かわしき次第に候」とは、上杉顕定が戦場で逃げ帰った河村大和守を「思し召し替え」すなわち再評価したことに対する道灌の嘆きです。

顕定は前線での将兵の働きや苦労を適切に評価することができず、したがって正当な論功行賞ができませんでした。そのことが、道灌のいう「無情の御刷」でありました。【第二十七段参照】

第三十八段　松田左衛門尉の事は

本　文

松田左衛門尉事者、雖河村令合宿候、残留忠信、誠不勝所感候。

読み下し文

松田左衛門尉の事は、河村と合宿《ごうしゅく》せしめ候と雖も、残留して忠信す、誠に所感に勝《た》えず候。

現代語訳

松田左衛門尉は、河村大和守と宿営地を共にしたといえども、残り留って忠信を果たしたので、誠に称賛にたえません。

註　解

①松田左衛門尉＝原注「相模住人頼秀」松田左衛門尉頼秀。【解説参照】
②河村＝河村大和守。【第三十七段参照】

③合宿＝（ごうしゅく）宿営地を共にすること。

解　説

①松田左衛門尉頼秀

相模国足柄上郡松田郷の松田氏は室町幕府のもとで二階堂、波多野氏とならんで評定衆に列した、どちらかといえば内政の武家でありました。松田頼秀は京都に居住していて、将軍の命で足利政知とともに関東に下向し、相模の松田家を継ぎました。

松田頼秀は河村大和守と白井城で合宿し、河村が逃亡した後も最後まで戦い抜いたので、太田道灌から高い評価を受けています。

彼は道灌没後に大森氏に従い歴戦の功をあげました。しかし道灌没後、明応年中（一四九二年～一五〇〇年）に、相模原市緑区青野原の戦場で窮り自刃しました。同志みち（国道四一三号）沿いのその自刃の地の草むらの中に、頼秀の墓所があります。そして近くの竜泉寺に頼秀の遺状《ゆいじょう》の写しが保存されています。

その遺状にいう（現代語訳）「（前略）この乱世にあって、偏えに将軍を仰ぎ奉り、扇谷上杉軍に馳せ参じようとしたが、山中で運が尽き濃霧に遮られしかも敵に四方を囲まれ、進退此処に極まってしまった。自分の命も芭蕉の葉のように破れやすく風前の灯である。たいへん浅ましく本懐ではないが、ここで武士として世を果てるので、これらの趣を披露して弔ってもらいたい」と。

松田頼秀の子孫は、後北条家の筆頭家老松田氏となりました。

第三十九段　一両月御近辺に祇候致し

本文

一両月御近辺致祇候、如承及候者、関東御静謐急度難有之候歟。諸人之不運此時ニ候。第一御家風人之事不調候、然間上州辺之事毎事猥様候。畢竟当可断不被断故ニ候歟。古来鎮国家治大乱事者、得人候、古人云、国有三不詳、不知有賢人一不詳、知不用二不詳、用不任三不詳、然者、唯得失者任与不任可有之候歟、此等趣可令得御意給候、恐々謹言。

十一月二十八日

謹上　高瀬民部小輔

読み下し文

一両月御近辺に祇候致し、承り及び候如くば、関東御静謐は急度《きっと》有り難く之候歟。諸人の不運此時に候。第一に御家風人の事調わず候、然る間上州辺の事、毎事に猥《みだ》れる様に候。畢竟断ずべきに当たり断ぜられざる故に候か。

古来国を鎮め大乱を治める事は、人を得るに候、古人云く、国に三不詳あり、賢人あるを知らず一不詳、知って用いざる二不詳、用いて任せざる三不詳、然れば、唯得失は任ずると任ぜざるとに之有るべく候か、此等の趣、御意を得せしめ給うべく候、恐々謹言。

十一月二十八日

謹上　高瀬民部小輔

現代語訳

一二ヵ月ご近辺でお仕えして承り知ったことですが、関東御静謐はすぐには実現できません。諸人の不運はこの時にあります。第一に御家中で人事が調いません、そのために、上州近辺の事は、事毎に乱れた様であります。結局は、断ずべきに当たり断じられなかったゆえでありましょうか。

古来国を鎮め大乱を治めるためには、人を得ることが肝要です、古人云く、国に三不詳あり、賢人あるを知らず一不詳、知って用いざる二不詳、用いて任ぜざる三不詳、と。ゆえに、ただ成否は任ずると任ぜざるにあります、これ等の考えについて（顕定の）ご賛同をいただけますようお願いいたします、恐々謹言。

（文明十二年）十一月二十八日

謹上　高瀬民部小輔

註解

①祇候＝伺候、そば（鉢形城あるいは平井城）で奉仕すること。
②御家風＝上杉家中。
③人之事＝人事、具体的には山内上杉家の家宰人事など。
④上州辺の事＝白井城にいた長尾景春が人事の不満で、反乱に走ったこと。
⑤猥＝（みだれる）形を崩してしまう、無原則でめちゃくちゃになる。
⑥古人＝中国春秋時代の斎の政治家・晏嬰《あんえい》。【解説参照】
⑦不詳＝運が悪いこと、不幸。
⑧得失＝損得、事の成否。
⑨御意＝（ぎょい）お考え、おこころ、賛意、他人の考えの敬称。
⑩高瀬民部小輔＝（たかせみんぶしょうゆう）原注「山内家人」、山内上杉家の文書を司る家老か。
⑪恐々謹言＝（きょうきょうきんげん）書簡の最期の決まり文句、恐れ多くも謹んで申し上げます。
⑫十二月二十八日＝一四八〇年（文明十二年）十一月二十八日。

解　説

①国の三不詳・晏嬰の警句

国の三不詳とは、中国春秋時代の斉の政治家晏嬰《あんえい》が説いた警句です。晏嬰は国家のためを思い、君主に諫言しつづけた名宰相でした。警句の最後の部分に次のように記されています。「国に三不祥あり。賢人あるを知らず一不祥、知って用いざる二不祥、用いるも任せざる三不祥」と。

②道灌は恭順を通す

道灌が最終段にきてにわかに、関東管領上杉顕定に対して、人事という上杉家の基本方針について、真っ向から批判することは、考えようによっては相手を全否定して「自分に全権を委ねよ」という一種の下剋上宣言ともとられます。

道灌はそれまで、関東管領上杉顕定に対して、具体的な諸問題についての訴願や提言、不満や自慢を語ったとしても、基本的には恭順を通してきました。『太田道灌状』の中でも、顕定には終始完璧な敬語をつかい、その指示に逆らったことがありません。

道灌は、景春が乱を起こしたときに顕定の指示に従い、長尾家出身の妻を遠ざけて（多分離縁）までして、景春との交渉にでかけました。道灌は上杉家を必死になり守りつづけ、「地形簡要」という重要な提言をして関東管領の鉢形入城をすすめ、顕定を助けました。

③最終段の疑問・高瀬民部のなりすまし

熊倉城の落城後に道灌は、自分の功を主張したあと「誠に自称を申す事、還って傍若無人に候か」【第二十六段最後】と自重自戒しています。それが道灌の本心です。最終段にきて道灌が、まるで箍《たが》がはずれて底が抜けたように「上杉家絶望宣言」を関東管領にぶつけることは異様です。それは上杉顕定を怒らすだけで、具体的な利益は何一つも期待できません。

したがってこの部分は、高瀬民部小輔等の文官たちが、道灌没後に道灌になりすまし、道灌の行動を振り返り、道灌の心情を慮って、さりげなくしかし断固として、道灌への同情をつけ加えてしまったと私は推考します。【第二十七段参照】

その後の事ども

『太田道灌状』が提出されたとされている一四八〇年（文明十二年）の二年後、一四八二年（文明十四年）に、足利義政は古河公方と越後守護上杉房定（上杉顕定の実父）に御内書をくだし、実質的に「都鄙の和睦」を実現しました。かくて「享徳の乱」は終結し、各実力者たちもそれぞれの道を歩み、各地で生涯の最終章を迎えました。

太田道灌

一四八六年（文明十八年）七月二十六日、太田道灌は相模の扇谷上杉氏の糟屋館（伊勢原市）に招かれて、上杉定正の謀《はかりごと》により非業の最期を遂げました。（五十五歳）

道灌より十一歳年少の主君上杉定正は、「享徳の乱」の最中《さなか》では、道灌の陰にかくれてほとんど目立った働きをしていません。定正が道灌に対して主体的にふるまったのは、この日、文明十八年の七月二十六日だけでした。定正は、上杉顕定に使嗾《しそう》されたというべきです。

道灌の、今際の言葉は「当方（上杉氏）滅亡」（太田資武状）であったと伝えられています。

太田道灌像・伊勢原市役所前

道灌は『太田道灌状』の中で、盟友たちの戦功を忘れずにあげ連ねています。また関東管領上杉顕定に対して「御報謝懈《おこた》り有るべからず」と言って、調略に応じた人物の所領安堵の重要性を度々念押しています。それは、道灌の政治性というよりはむしろ、人の恩や好意を絶対に忘れないという志操に基づくものであるように私には思えます。

道灌はいつも二十二歳年少の顕定に対して、十分な敬語をつかいながらも、いうなれば歯に衣を着せながらも「無情の御刷《おんかいつくろい》」などと率直な思いを直言しました。それゆえに道灌は「腹にものを隠しておけない」という江戸っ子の元祖であるようにも、私には思えます。

第八代将軍足利義政

一四九〇年（延徳二年）一月七日、足利義政は、銀閣の完成を待たずに京都で病没しました。（五十四歳）

義政は「都鄙の和睦」を命ずる御内書を先ず、鎌倉公方（堀越公方）足利政知ではなく関東管領上杉顕定でもなく、古河公方と越後守護上杉房定という当時の実質的な関東の実力者にくだしました。幕府は関東統治政策の失敗を認めたのです。

その御内書の中で義政は、庶兄の政知に伊豆一国の所領が確保されるように、しつこく頼み念を押しました。それは、将軍の権威というより、なりふり構わない兄弟愛のふるまいのようでありました。

上杉定正

道灌没後、すぐに両上杉氏は仲たがい（長享の乱）をし、一四九四年（明応三年）扇谷上杉定正と山内上杉顕定が高見原（寄居町）で対陣しました。十月五日に定正は、伊勢新九郎（北条早雲）の援軍を得て意気揚々と荒川を渡ったものの、赤濱の川越し岩（寄居町）で、急流に落馬して頓死しました。（四十九歳）

このことを、「当方滅亡」という道灌の予言のはじまりだと、とやかくいう人々もいました。

古河公方足利成氏

一四九七年（明応六年）九月三十日、古河公方足利成氏は朝敵を赦免されたものの、鎌倉

に帰ることはなく古河で没しました。（六十四歳）
成氏は、結城合戦のあと兄弟のなかでただ一人生き残り、動乱の中で鎌倉公方に復帰するという不思議な果報をもった人物ではありました。
古河公方足利成氏と関東八家が、御花園天皇の綸旨に約三十年間も抵抗しつづけたことは、同調圧力に弱い日本人にはめずらしく、それは北関東の国人衆のアイデンティティ（土着性）によるものでありました。

関東管領上杉顕定

一五一〇年（永正七年）六月二十日、関東管領山内上杉顕定は、実家であった越後守護家の内紛にかかわり、長尾為景と越後の長森原（六日町）で戦って敗死しました。（五十七歳）
顕定は長森原で、真っ青な越後の空を見ながら「ずいぶん遠い所へ来てしまったな」と思ったことでしょう。その場所は今「管領塚《かんりょうつか》史跡公園」（南魚沼市）となっています。
顕定は「享徳の乱」勃発の年に生れたものの、その大乱の中で明確な政治思想を持たず、積極的に古河公方方と戦うでもなく、「都鄙の和睦」を推進するでもなく、政治的には方向性のはっきりしない人物でありました。
また顕定は、セレブ（藤原氏）の子孫によくあるように、他人の援助を当然と思い、ありがた味を感じない能天気でありました。結果として顕定は、太田道灌の足を引っ張りつづけました。

長尾景春

一五一四年（永正十一年）八月二十四日、下剋上の先駆けをした長尾景春が白井城あるいは秩父で没しました。（七十二歳）

「関東管領上杉顕定を討ちとる」と道灌に直言し、五十子に乗りこんだ景春の下剋上は成功しませんでした。しかし、失敗したとも言えません。長尾景春にとっては、祖父景仲、父景信のあとを継いで山内上杉家の家宰になることが道理であり大義でありました。そのために終生上杉顕定と戦いつづけた景春は、関東中世の実力者の中では最長寿を全うし、彼自身としては概ね本懐を遂げたといえるでありましょう。

万里集九の追慕

太田道灌の詩友万里集九が美濃へ帰郷の途中、越後に逗留し、一四八八年（長亨二年）十二月四日、扇谷上杉定正敗軍の風聞を聞き「武陵の兵馬気雲のごとし、贋釣《がんちゅう》（定正）天なるかな俄かに敗軍す、乱れ落つる桃花紅花薄し、この詩いささか故人のために言う」と『梅花無尽蔵』に註して道灌を追慕し、その最後が非業であったことを記しました。

道興准后の感慨

太田道灌没後まもなく、関東を訪れた巡礼者の聖護院道興准后《しょうごいんどうこうじゅんこう》はその著『廻国雑記』に、

「岡部原（中略）人馬の骨をもて塚をつきて、今に古墳数多侍りし。しばらくえこうして口にまかせる、

なきをとふ岡部の原の古塚に
秋のしるしの松風ぞふく」

と記しています。一四五五年（康正一年）九月十七日には、岡部原（岡部町）で古河公方方と上杉方の大決戦が行われました。またその後の用土原（寄居町）の合戦でも戦域は隣接する針谷原（岡部町）、岡部原まで広がったと思われます。

道興准后は、心で道灌を慕って一四八七年（文明十九年）関東へ来たもののもはや道灌には会えず、古戦場で多くの塚を見るばかりでありました。准后は西国ばかりでなく関東もまた、激しくも悲惨な闘諍の世界となっていたことに感傷を深めたことでありましょう。

〔完〕

太田氏略系図（『寛政重修諸家譜』を補訂）

清和天皇―七代略―源頼政―仲綱―広綱―降綱―国綱―太田資国―資治―資兼―資房―資清（道真）

資清（道真）
- **資長（道灌）**
  - 資康（江戸系）―資高―康資
    - 重正（資常）
      - 正重（江戸水戸系）
      - 資宗（江戸掛川系）
    - 於勝（英勝院）
  - 資家（岩槻系）―資頼―資正
- 資忠
- 六郎（資常）
- 禅懌（叔悦禅師・円覚寺一五〇世）

太田道灌関連年表（道灌年齢は数え年）

西暦（和暦）	道灌年齢	事項
一二〇〇年（正治二）		**太田氏の起源**　太田氏は清和源氏の源頼光流である。頼光の玄孫頼政の曽孫隆綱は土御門天皇に仕え、正治二年に丹波五箇荘を賜う。隆綱の孫資国は丹波太田荘に住み、太田氏を称する。
一二五二年（建長四）		**相模へ移住**　宗尊親王（後嵯峨天皇の皇子）が初の皇族将軍となって鎌倉へ東下の際、太田氏始祖資国は、親王の近従人上杉重房（藤原鎌足の後胤）の家臣として、丹波太田荘から相模へ移る。その後、太田資国より資治、資兼、資房、資清（道灌の父）とつづく。太田家は代々扇谷上杉家の家宰として鎌倉の管領屋敷で、また相模守護代として伊勢原の守護所で仕える。
一三三三年（元弘三）		**鎌倉幕府滅亡**　新田義貞軍が鎌倉を攻める。
一三三四年（建武一）		**建武の中興**　後醍醐天皇の親政。
一三三六年（延元一）		**室町幕府成立**　足利尊氏が京都に入り幕府を開く。
一三四九年（貞和五）		**鎌倉府開設**　足利基氏が鎌倉公方となる。
一三五一年（観応二）		**政所職**　扇谷上杉藤成が相模糟屋荘の政所職にあったことが確認される。（円覚寺文書）
一三六八年（応安一）		**武蔵平一揆**　河越氏、江戸氏等が没落する。その後江戸氏は喜多見へ移住する。
一四〇九年（応永一六）		**足利持氏**　足利持氏が鎌倉公方となる。

一四一一年（応永一八）		**太田道真（資清）誕生。**
一四一六年（応永二三）		**上杉禅秀の乱** 十月、鎌倉公方足利持氏と関東管領犬懸上杉禅秀（氏憲）が争い、禅秀は翌年鎌倉で自害する。
一四一九年（応永二六）		**関東管領上杉憲実** 上杉憲実が関東管領となる。
一四二九年（正長二）		**足利義教** くじ引きで足利義教が第六代将軍となり、足利持氏は不満の行動を起こす。
一四三二年（永享四）	一歳	**道灌誕生** 太田道灌が太田道真の嫡男として、鎌倉、相模の伊勢原あるいは武蔵の越生に誕生する。幼名は鶴千代。 **太田舘** この頃太田道真は、鎌倉扇谷の上杉舘近くの太田舘（英勝寺寺域）に居住していたと推測される。また一方、伊勢原糟屋の上杉氏守護所近くの太田舘にも度々滞在したと思われる。
一四三六年（永享八）	五歳	**足利義政誕生** 幼名は龍若。
一四三八年（永享一〇）	七歳	**御花園天皇綸旨** 御花園天皇が幕府の申し出の通り、鎌倉公方足利持氏を朝敵として討伐するよう綸旨を出す。足利持氏は上杉憲実と対立する。 **足利成氏誕生** 幼名は永寿（王）丸または万寿王丸。 **平井城へ移動** 八月、上杉憲実は身の危険を感じて平井城（藤岡市）へ移る。
一四三九年（永享一一）	八歳	**永享の乱・鎌倉府滅亡** 将軍足利義教が持氏を追討する。二月、持氏は鎌倉永安寺で自害する。一四四九年まで十年間鎌倉公方不在のまま、管領上杉憲実が関東の実権を握り、足利学校を中興する。

一四四〇年（永享一二）	九歳	**結城合戦**　足利持氏を擁した結城氏朝が持氏の遺児安王丸と春王丸とともに結城城に決起し、幕府・上杉連合軍と戦う。翌年結城氏は敗北する。 **鶴千代勉学**　鶴千代は、鎌倉五山（建長寺あるいは円覚寺）で和漢の勉学をはじめたといわれている。
一四四一年（嘉吉一）	十歳	**嘉吉の乱**　将軍足利義教が赤松満祐邸にて謀殺される。
一四四二年（嘉吉二）	十一歳	**太田道真の家宰就任**　太田道真が扇谷上杉家の家宰となる。 **鶴千代勉学**　鶴千代は、鎌倉五山より帰宅する。その後、足利学校で学んだといわれている。
一四四三年（嘉吉三）	十二歳	**長尾景春が誕生**　幼名は孫四郎。
一四四六年（文安三）	十五歳	**鶴千代元服**　鶴千代は元服して源六郎資長と名乗る。
一四四七年（文安四）	十六歳	**相模守護**　扇谷上杉持朝が相模守護に補任されていることが確認できる。（内山文書）太田道真は相模守護代に補任されていたと推測される。
一四四九年（宝徳一）	十八歳	**鎌倉府再興**　一月、足利持氏の遺児永寿丸（成氏・十二歳）が鎌倉公方となる。関東管領には、上杉憲実の嫡男憲忠（十六歳）が就く。
一四五〇年（宝徳二）	十九歳	**宝徳の乱（江ノ島合戦）**　四月、太田道真、長尾景仲等の上杉方諸将が鎌倉で梁田、小山、宇都宮、千葉等の足利成氏方諸将と合戦し、成氏は江ノ島へ敗走する。成氏方が反撃して上杉方は糟屋荘へ敗走する。十月に和睦する。
一四五三年（享徳二）	二十二歳	**道灌叙任**　太田道灌は従五位上左衛門太夫となる。

一四五四年（享徳三）	二十三歳	**享徳の乱**　十二月二十七日、足利成氏が、関東管領上杉憲忠を鎌倉西御門の館に招いて謀殺する。（康富記）関東の戦国時代が始まる。 享徳の乱後に道灌は、品川の御殿山に居を移したと推測される。 十一月、十二月、関東に大地震。 **上杉顕定誕生**　幼名は龍若。
一四五五年（康生一）	二十四歳	**分倍河原の合戦**　一月二十二日、足利成氏の軍は府中分倍河原で上杉軍を打ち破る。 **御花園天皇綸旨**　四月、足利成氏追討の「関東御退治の綸旨」と御旗が関東管領上杉房顕に下賜され、成氏は朝敵となる。 **古河公方**　六月一六日、幕府軍の将今川範忠が鎌倉に足利成氏を攻める。成氏は古河へ逃げて古河公方となる。 **太田道真退隠**　太田道真（四十六歳）は家督を道灌に譲り越生の自得軒へ移る。 太田道灌は扇谷上杉家の家宰・相模国守護代となる。 **足利成氏抵抗**　七月、康生一年となったが、足利成氏は「享徳」の元号を使いつづける。
一四五六年（康生二）	二十五歳	**ハレー彗星**　大ほうき星（ハレー彗星）が出現し、政情不安の要因となる。 **江戸城縄張り**　太田道真、道灌は扇谷上杉持朝の命を受けて、古河公方に対抗するため江戸、河越に城の縄張りをはじめる。 **五十子陣城**　この頃より関東管領上杉房顕のもと山内、扇谷、越後

		の三上杉氏と新田岩松氏の軍勢が五十子陣城に結集し、利根川を挟んで古河公方軍と対峙する。
一四五七年（長禄一）	二十六歳	**江戸築城** 四月八日、太田道真、道灌父子は江戸城を築き、つづいて河越城、岩槻城を築く。＊岩槻城については諸説ある。 **堀越公方** 二月、将軍足利義政は、関東へ積極介入をするため足利政知を伊豆北条の堀越に派遣。政知は伊豆一国を領して堀越公方となる。 **渋川義鏡** 六月、渋川義鏡が蕨城に入る。
一四五八年（長禄二）	二十七歳	**羽継原の合戦** 関東管領上杉房顕、長尾景仲軍は渋川義鏡、岩松家純軍とともに古河公方軍と羽継原で激戦、古河公方方の勝利といわれているが、勝敗に諸説ある。 長禄・寛正の大飢饉（～一四六一年）。
一四六五年（寛正六）	三十四歳	**道灌上洛** 太田道灌は三月に上洛して将軍足利義政と会見した後、土御門天皇に拝謁したといわれている。（『鎌倉九代後記』）
一四六六年（文正一）	三十五歳	**上杉顕定** 山内上杉房顕（三十二歳）は五十子陣中で病歿し、上杉顕定（十四歳）が継ぐ。
一四六七年（応仁一）	三十六歳	**応仁の乱** 五月二十六日、京都で「応仁の乱」が起り、将軍足利義政は、細川勝元に山名宗全の討伐を命ずる。 **上杉政真** 扇谷上杉持朝（五十七歳）は河越城で没し、政真（十六歳）が継ぐ。
一四六九年（文明一）	三十八歳	**河越千句** 太田道真は宗祇、心敬らを河越城に招き連歌会を催す。

一四七一年（文明三）	四十歳	**館林城合戦**　五月、太田道灌は、妙義神社で戦勝祈願をする。太田道灌、資忠兄弟、長尾景信、景春親子等が赤井氏の館林城を攻め、次いで古河城の足利成氏を攻める。成氏は千葉孝胤を頼り本佐倉城へ逃げる。
一四七二年（文明四）	四十一歳	**古河城奪還**　結城氏広等の奮戦で足利成氏が反撃し、古河城を奪還し五十子陣を攻める。
		龍穏寺再興　太田道真、道灌は越生の龍穏寺を再興する。
一四七三年（文明五）	四十二歳	**長尾忠景**　六月、山内上杉家の家宰長尾景信が死去して弟忠景が家宰となったため、景信の嫡男長尾景春が反発して白井城に籠る。
		上杉定正　十一月、扇谷上杉政真（十九歳）は五十子の戦で戦死し、上杉定正（三十二歳）が継いで河越城主となる。
一四七四年（文明六）	四十三歳	**武州江戸歌合せ・「道灌」初出**　六月、太田道灌は江戸城で歌合せ会を催す。判者は心敬、道灌、孝範、資忠、資俊、資雄、卜厳が参加。この歌集で、「道灌」の名乗りを初見。
		応仁の乱実質終結　山名政豊と細川政元が和睦する。
一四七五年（文明七）	四十四歳	**道灌の決断**　六月、太田道灌が五十子陣へ向かう途中、小川で長尾景春と面談し、景春より反乱への加勢を依頼されるが断る。
		心経が没する　心経は伊勢原の大山の麓（心敬塚）で寂する。（七十歳）
		駿河出陣　三月、太田道灌は堀越公方足利政知の命で、今川氏の内紛解決のため駿河へ出陣し、伊勢新九郎（北条早雲）と談合したといわれている。

一四七六年(文明八)	四十五歳	**長尾景春の乱**　六月、長尾景春が鉢形城で決起し、五十子陣の通路を遮断して上杉軍を攻める。 **静勝軒記**　八月、江戸城静勝軒の詩文ができる。 **伊豆参上**　九月、太田道灌は伊豆北条へ参上し堀越公方と会う。十月、道灌は駿河より江戸へ帰る。 **資康誕生**　この年道灌の嫡男資康誕生か。
一四七七年(文明九)	四十六歳	**五十子合戦、河内御座**　一月十八日、長尾景春は二千五百余騎を率いて五十子陣を急襲し、山内、扇谷、越後の上杉軍を東上野の那波荘へ敗走させる。岩松氏は金山城へ帰還する。上杉顕定は、河内御座で亡命政権を構える。 **豊島氏の攻撃**　三月、豊島泰経、泰明兄弟は長尾景春と気脈を通じて江戸城と河越城間の通路を封鎖する。 **相模三城攻撃**　三月十八日、太田道灌は相模の兵で溝呂木城、小磯城を落城させ、小沢城を攻める。 **小山田要害を攻略**　長尾景春の腹心の家臣宮里宮内が小山田要害を攻略し、小沢城の後詰めをする。 **勝原の合戦**　四月十日、小机城主矢野兵庫の軍勢が苦林へ出撃する。太田資忠、上田上野介の軍勢が河越城より出撃し、苦林で対陣後に勝原で矢野軍を破る。 **江古田が原・沼袋の合戦**　四月十三日、太田道灌軍が豊島勘解由左衛門尉、平右衛門尉の連合軍を江古田が原で破る。豊島方の平右衛門尉と百五十余人が討ち死にする。

一四七七年（文明九）	四十六歳	**石神井城の合戦**　四月十四日、道灌軍は石神井城を攻めて四月二十八日に落城させる。 **小沢城の合戦**　四月十八日、道灌軍が小沢城を落城させる。 **清水河畔御陣**　五月十三日、道灌は両上杉氏を上野より、利根川をわたり五十子近くの清水河畔御陣に迎える。 **用土が原の合戦（針谷原の合戦）**　五月十四日、道灌軍が長尾景春軍を用土が原、針谷原で迎え撃ち、鉢形城へ敗走させる。 **古河公方出陣**　六月に岩松氏が古河公方方についたので、七月に古河公方は、長尾景春支援のため滝城に出陣する。 **岩松家の「神水三箇条」**　七月二十三日、新田岩松家純は金山城で、幕府と古河公方以外の命令で岩松家が出兵することはしない、と発表。 **上州下向**　両上杉軍、道灌軍は白井城に入る。 道灌は、諸勢が難儀に及んだので、東上野の敵領で少々掠め取る。 **片貝出陣**　九月二十七日、上杉顕定軍は片貝に出陣する。 **荒巻原出陣**　十月二日、道灌軍は荒巻原へ出陣する。 **塩売原出陣**　十月十一日、道灌軍は塩売原に出陣して古河公方、景春連合軍と対峙する。 **応仁の乱終結**　十一月十一日、応仁の乱が終わる。 **広馬場の対峙**　十二月二十四日、上杉軍・道灌軍五千余騎と古河公方・長尾景春連合軍八千余騎は広馬場で対峙したが大雪となる。

一四七八年（文明一〇）	四十七歳

広馬場の相引き　一月四日、古河公方方と上杉方は和議（都鄙御合体）を結び、広馬場を撤退して相引きとなる。

倉賀野御陣　両上杉氏は倉賀野御陣へ移動、一月二十四日に上杉定正と太田道灌は河越城へ帰還する。

平塚城攻撃　一月二十五日、道灌軍は膝折へ出陣し、次いで平塚城、丸子陣を攻略する。

小机城包囲　一月二十八日、道灌軍は小机城を包囲しはじめる。景春軍と家臣の宮里宮内は二宮城で小机城の後詰めをする。

浅羽出撃　三月十日、上杉定正軍は浅羽へ出撃して長尾景春軍を成田陣へ退散させる。二宮城の大石駿河守が上杉方へ降伏する。

羽生出撃　三月二十日、上杉定正軍と太田資忠軍は河越城より出撃して長尾景春、千葉孝胤を武蔵の羽生に攻めて退散させる。

小机城落城　四月十一日、道灌軍は小机城を落城させる。

磯部城、小沢城自落　四月、磯部城が道灌軍に降参し、小沢城も自落する。

奥三保の戦　六月十四日、道灌軍は村山に陣を張り、太田資忠、太田六郎、大森氏頼等が相模奥三保で景春与党の本間、海老名氏を破る。

甲州攻略　六月十六日、道灌軍は甲州加藤氏の上野原城を落城させて鶴川宿を焼き討ちし、甲州の景春残党を破る。

榛沢御陣　七月、上杉定正と太田道灌は河越城をたち、上杉顕定を榛沢御陣に迎えるため、井草、青鳥城を経て鉢形城と成田陣の間へ進軍する。

一四七八年（文明一〇）	四十七歳	**鉢形城合戦**　七月十八日、太田道灌軍は鉢形城を攻め、長尾景春軍を秩父へ追い払う。景春主従は最初長尾城へ入る。まもなく景春主従は、塩沢城へ移動か。（伝承） **古河公方の帰座**　古河公方は古河城へ帰座する。 **顕定の鉢形入城**　太田道灌は、榛沢御陣で顕定を迎え「地形簡要」から鉢形城へ入城を勧める。顕定は鉢形城へ入城する。 **金山城訪問**　七月、太田道灌は金山城を訪れ、岩松家の家宰横瀬国重と陣僧松蔭に会う。 **前が崎城の合戦**　十一月、太田六郎（資常）が千葉方の高城氏と戦って討ち死にする。 **境根原の合戦**　十二月十日、太田道灌軍は下総へ出陣して国府台城に陣をとり、境根原で千葉孝胤軍を破る。
一四七九年（文明一一）	四十八歳	**臼井城の合戦**　一月十八日、太田資忠軍と千葉自胤軍が臼井城の千葉孝胤と臼井俊胤を攻める。 **房総の三城攻略**　七月、太田道灌軍は真里谷城、庁南城、飯沼城を攻略する。 **臼井城落城**　七月十五日、臼井城は落城するが、激戦のなかで太田資忠、中納言佐藤五郎兵衛等五十三人が討ち死にする。 **久下へ出陣**　十一月二十八日、太田道灌は忍城救援のため、久下へ出陣して成田氏に力をつける。
		児玉蜂起　一月四日、長尾景春は児玉で蜂起し、太田道灌は塚田へ出陣して飯塚陣の景春与党と対峙する。景春は秩父へ移動する。

一四八〇年（文明一二）	四十九歳	**越生急襲**　一月二十日、長尾景春軍は太田道真を越生に襲い撃退される。 **長井城攻略**　一月、太田道灌軍は長井城の景春与党を攻めて落城させる。 **古河様御変改**　一月、足利成氏は再び長尾景春を支援するため、秩父御陣の後詰めをする動きを見せる。 **塩沢城攻撃**　春、太田道灌軍は塩沢城に長尾景春軍を攻める。景春軍は熊倉城（日野城）へ移動する。（伝承） **熊倉城（日野城）の合戦**　六月二十四日、太田道灌軍は熊倉城を攻めて長尾景春軍を破る。「長尾景春の乱」は終結する。 **『太田道灌状』**　十一月二十八日、道灌は山内顕定の家臣高瀬民部へ『太田道灌状』を提出したといわれている。
一四八二年（文明一四）	五十一歳	**都鄙の和睦、享徳の乱終結**　十一月二十七日、実権を持っていた大御所足利義政が、越後上杉房定の注進と足利成氏の願望に応じて御内書を与え、「都鄙の和睦」が進展。 室町将軍足利義尚と古河公方足利成氏と、「都鄙の和睦」が成立。（喜連川文書）関東にかりそめの小康が訪れる。
一四八五年（文明一七）	五十四歳	**万里集九来訪**　十月二日、太田道灌は万里集九を江戸城へ招く。万里は客舎を「梅花無尽蔵」と号する。 十月九日、道灌は上杉定正を招き、万里のために江戸城で歓迎宴を開く。席上道灌は和漢朗詠集の一節を舞う。 十月十四日、道灌は江戸城静勝軒で歌会を催す。

一四八五年（文明一七）	五十四歳	**資康出仕**　十二月二十五日、太田資康は十歳で家督を継ぎ、古河公方へ出仕する。
一四八六年（文明一八）	五十五歳	**熊野参詣**　五月、太田道灌の妻が紀伊熊野神社に参詣する。 **隅田川の歌会**　この年の春、太田道灌は隅田川で万里集九を招いて歌会を開く。 **自得軒訪問**　六月十日、太田道灌は万里と越生の自得軒に父道真を訪問する。 **道灌遭難**　七月二十六日、太田道灌は相模の糟屋館で上杉定正により謀殺され、下粕屋の洞昌院に葬られる。太田道灌五十五歳。八月十日、太田道灌二七日（ふたなのか）の忌日に、万里集九は祭文を作って道灌を弔う。 **資康出奔**　太田資康は江戸城を出て、甲斐へ逃れる。
一四八七年（長享一）		**長享の乱**　十一月、山内上杉顕定と扇谷上杉定正の対立が深まる。
一四八八年（長享二）		**実蒔原の合戦**　二月五日、両上杉軍が実蒔原で戦う。 **菅谷原の合戦**　六月十八日、両上杉軍が菅谷原で戦う。 **万里帰郷**　八月十四日、万里集九は江戸を去り、越後へ向かう。八月十六日、万里集九は太田道真の越生自得軒を訪問する。 **平澤寺の詩歌会**　八月十七日、万里集九は菅谷原で太田資康と会い三十六日間も滞在する。九月二十五日、万里の菅谷原出発前に、資康は平澤寺で万里のために詩歌会を催す。万里は鉢形城、上野角淵、白井城をへて三国峠を越え、越後府中へ至る。

		万里は翌年、美濃鵜沼の旧居へ帰る。 **高見原の合戦**　十一月十五日、高見原で両上杉軍が戦う。
一四九〇年（延徳二）		**足利義政死去**　一月二十七日、足利義政が病没する（五十五歳）。
一四九一年（延徳三）		**伊勢新九郎の台頭**　伊勢新九郎（北条早雲）が、足利茶々丸を滅ぼして伊豆を占領する。 四月、堀越公方足利政知が没する（五十七歳）。
一四九二年（明応一）		**太田道真死去**　二月二日、太田道真が越生自得軒で没する（八十二歳）、龍穏寺に葬られる。道真の没年に異説があり「本土寺過去帳」では、長享二年八月三日とする。
一四九四年（明応三）		**上杉定正落命**　扇谷上杉定正と山内上杉顕定が高見原で対陣する。十月五日、定正は荒川で落馬して落命する（四十九歳）。
一四九七年（明応六）		**古河公方死去**　九月三十日、足利成氏が没する（六十四歳）。
一五〇四年（永正一）		**立川原の合戦**　十一月十三日、扇谷上杉朝良方を伊勢新九郎、今川氏親が救援し、山内上杉顕定方に足利政氏らが連合し、武蔵国立河原（現在立川市）において長享の乱の決戦が行われた。
一五〇六年（永正三）		**「梅花無尽蔵」**　万里集九が鵜沼で「梅花無尽蔵」を執筆する。
一五〇九年（永正六）		**「松陰私語」**　松陰西堂は五十子の増国寺で「松陰私語」を執筆する。
一五一〇年（永正七）		**上杉顕定敗死**　六月二十日、山内上杉顕定は長尾為景と越後の長森原で戦い敗死する（五十七歳）。

一五一三年（永正十）		**太田資康戦死**　太田資康が相模三浦、衣笠城付近で後北条軍と戦って討ち死にする（三十七歳）。異説がある。「赤城神社年代記録」に「明応七年（一四九八年）太田資康生涯」とある。
一五一四年（永正一一）		**長尾景春死去**　八月二十四日、長尾景春が没する（七十二歳）。
一五一九年（永正一六）		**伊勢新九郎死去**　伊勢新九郎（北条早雲）が没する（六十四歳あるいは八十八歳）。
一五三七年（天文六）		**北条綱成**　北条綱成が河越城を攻略し、河越城代となる。
一五四六年（天文一五）		**河越の夜戦**　救援にきた北条氏康が河越城を包囲し、両上杉氏と古河公方の連合軍を奇襲で破る。扇谷上杉朝定は戦死する。 **上杉家滅亡**　山内上杉憲政は平井城へ、足利晴氏は古河城へ敗走し、上杉領は消滅して上杉家は滅亡する。（道灌没後六十年）
一五五二年（天文二〇）		**上杉謙信名乗り**　山内上杉憲政は越後へ行き、名跡と関東管領を長尾景虎へ譲る。景虎は上杉謙信となる。
一五六一年（永禄四）		**小田原城攻撃**　上杉謙信は、太田資正を先鋒として小田原城を攻める。三月十六日、上杉謙信は鎌倉に入り、関東管領となる。
一五七三年（天正一）		**室町幕府滅亡**　織田信長が足利義昭を京都から追放する。
一五八七年（天正一五）		**総無事令**　豊臣秀吉が関東、東北に総無事令を発する。
一五九〇年（天正一八）		**徳川家康江戸入り**　八月一日、徳川家康が江戸城に入る。太田氏は名族として徳川家康に召しだされる。

一六一〇年（慶長一五）		**お勝活躍**　お勝（太田康資の娘）が徳川家康の命により鶴千代（水戸頼房）の養母となる。
一六三四年（寛永十一）		**英勝寺建立**　英勝院（お勝）が英勝寺を創建する。
一七一四年（正徳四）		**『太田家記』**　太田氏により作成された家譜が完成、太田道真より太田重正までの六代の事績。
一七四六年（延享三）		**掛川城主**　太田資俊が遠州掛川城主（五万石）となる。
一八二〇年（文政三）		**『太田道灌雄飛録』**　「太田道灌雄飛録」が発刊される。
一八三五年（天保六）		**太田道灌三五〇年忌**　徳川斉昭は、掛川城主太田資始の求めに応じ、道灌を追慕顕彰し賦詠する。
一九一八年（大正七）		**道灌追贈**　十一月、大正天皇は陸軍特別大演習の際、太田道灌に従三位を追贈、洞昌院の道灌墓前で勅語を賜う。
一九二〇年（大正九）		**太田道灌銅像**　東京府庁舎前に渡辺長男制作の太田道灌像が建てられる。
一九三六年（昭和一一）		**太田道灌公追慕の碑**　太田道灌四五〇年忌の際、東京市で盛大な顕彰が催される。平川門外に顕彰碑が建てられる。
一九五八年（昭和三三）		**太田道灌銅像**　開都五百年を記念し、東京国際フォーラムに朝倉文夫制作の太田道灌像が設置される。
一九七二年（昭和四七）		**川越市の道灌銅像**　川越市制五十周年を記念して、橋本次郎制作の太田道灌像が建てられる。

一九七五年（昭和五〇）		**伊勢原市の道灌銅像**　伊勢原市役所前に慶寺丹長制作の太田道灌銅像が建てられる。 **東伊豆町の道灌銅像**　静岡県東伊豆町に、堤達男制作の、猿を連れた太田道灌銅像が建てられる。
一九八五年（昭和六〇）		**越生の道灌銅像**　太田道灌五百年忌の年に橋本次郎制作の道灌像が、越生町の龍穏寺に建てられる。 **さいたま市岩槻の道灌銅像**　岩槻市役所（岩槻人形博物館）前に、作島栄治制作の文人の太田道灌銅像が建てられる。
一九八九年（平成一）		**「回天一枝」**　ＪＲ日暮里駅前に、橋本活道制作の太田道灌の騎馬像「回転一枝」が建てられる。
一九七八年（昭和五三）		**「久遠の像」**　東京都立新宿中央公園に、山本豊市制作の太田道灌と山吹の女の像が設置される。佐久市立図書館横にも同様の道灌銅像が設置される。
二〇〇六年（平成一八）		**記念誌発刊**　七月「太田道灌公五百二十回忌記念誌」が発刊される。
二〇〇七年（平成一九）		**記念の標**　九月二十五日「江戸城築城五百五十年記念の標」が江戸城平川門外に建てられる。 **武人の道灌銅像**　さいたま市岩槻区の芳林寺に富田憲二、山本良明制作の太田道灌騎馬像が建てられる。
二〇一一年（平成二三）		**嗣法の道灌銅像**　川越市の長福寺に重岡建治制作の雲崗俊徳と太田道灌の銅像が設置される。

二〇一四年（平成二六）		**道灌墓を整備**　十一月、鎌倉市英勝寺の太田道灌墓の墓域が整備改修される。
二〇一五年（平成二七）		**太田道灌顕彰会**　七月一日、ＮＰＯ法人太田道灌顕彰会が設立される。 **記念誌発刊**　七月「太田道灌公五百三十回忌記念誌」が発刊される。
二〇一六年（平成二八）		**越生町役場の道灌銅像**　十二月五日、越生町役場ロビーに、六田貴之制作の太田道灌像（原像は三枝惣太郎制作）が設置される。
二〇一七年（平成二九）		**「山吹の花一枝」の像**　日暮里駅前に、平野千里制作の山吹の女の像が設置される。
二〇二〇年（令和二年）		**越生駅前の道灌銅像**　十二月五日、越生駅前に、慶寺丹長制作の「文武両道」の太田道灌像が設置される。

あとがき

『太田道灌状』を読み解くに当たって、私が最初に苦労したことは、中世候文《そうろうぶん》の語法についてであります。「変体漢文」と称せられるその語法の解説書は極めて少なく、ほとんどは、言語文化学的手法で遮二無二読み解かなければなりません。その経緯は、凡例の註解についての説明に記されている通りです。

悪戦苦闘しているうちに『太田道灌状』には、その文書《もんじょ》特有の用語や語法があるように思えてきました。太田道灌は当時の武将としては、第一級の教養人であったので、独自の語感と文体を持っていたと思います。特に「者」という接続詞の用法は千変万化で、それは太田道灌特有のいわゆる「破格文法」と称すべきものかもしれません。それらになれてくると、悪戦苦闘の中にもいささかの楽しみも感じてきます。

『太田道灌状』の内容は、重要部分で同時代の『松陰私語』と重なっています。概して新田岩松家の陣僧松陰西堂の詳しい描写が、道灌の簡潔な叙述、筆足らずを補っています。

『太田道灌状』の隅から隅まで捜しても、女性は全く登場しません。よく言われるように

「男子専科」と思ってしまいます。後の世の人々はそれを不満に思い、見事な「山吹伝説」をつくりました。

しかしまた『太田道灌状』を深読みすると、系図にも出てない女性が隠《かく》れていて、嫁ぐことにより人と人、家と家を結びつけて大きな力を発揮しています。そのことは道灌の「骨肉に候」という表現で示されています。【第六段、第三十四段】古来「女子《おなご》は門を開く」と言われている通りです。

そして道灌は、関八州を駆けめぐった武将であったので『太田道灌状』には多くの地名が出てきます。私は拙著『道灌紀行』執筆のため、それらの全ての場所を自ら踏破し、地元の人たちと親しく懇談しましたが、各地にも種々の説があったりして、いまだに確定できないところも少なからずあります。それらはみな道灌の生涯の中の重要地点であるので、地元の郷土史家にとってはいずれも重大問題です

1. 最大の問題は、秩父高佐須と大森御陣とはどこか、塩沢城はあったのか、です。私たちは推定していますが、未だ比定されていません。【第一段、第二十六段】
2. 道灌が景春にすすめた道志の会下とはどこか。些細なことながら気になります。【第九段】
3. 上杉方の談合場所、榛沢御陣とはどこか、わかりそうで正確にはわかりません。【第五

段、第二十一段】

4．上杉定正や古河公方の陣所となった森腰とはどこか。【第二十一段】

5．奥三保の、太田資忠が構えた陣城とはどこか。【第二十段】

6．『太田道灌状』では、西城（熊谷市）の長井城のほかに金鑽御嶽城（神川町）も長井城と呼ばれているのか。【第二十四段、第二十六段】

読解にあたり語法また内容に関して、次の先覚の方々の著書のお世話になりました。

『北区史』　資料編　古代中世2　北区史編纂調査会　東京都北区。
『日本史を学ぶための・古文書・古記録訓読法』苅米一志著　吉川弘文館。
『太田道灌』太田道灌公事績顕彰会。
『太田氏の研究』前島康彦著　名著出版。
『太田道灌』勝守すみ著　人物往来社。
『扇谷上杉氏と太田道灌』黒田基樹著　岩田書院。
『享徳の乱と太田道灌』山田邦明著　吉川弘文館。
『享徳の乱』峰岸純夫著　講談社。

『松陰私語』峰岸純夫・川崎千鶴校訂　八木書店。
その他多くの関係諸書と諸論文、著者の方々。
厚く御礼を申しあげます。

願わくはこの『太田道灌状を読み解く』を機縁に、多くの人々が太田道灌とその時代すなわち「享徳の乱」の研究に取り組んでいただくことです。そして朝廷も幕府もなく、等閑視されがちな中世関東の人々の生きざまと面白さを発見していただくことであります。

この書は、『太田道灌公五百三十回忌記念誌・太田道灌』に掲載された「『道灌状』を読み解く」を増補したものです。

二〇二三年　秋

尾﨑　孝

〔著者紹介〕
尾崎　孝（おざき たかし）
1940年生まれ。東京都東大和市在住。
東京外国語大学　外国語学部　英米語学科卒業。
公立高校教諭、私立高校校長などを経て、地域ボランティア活動に専念。
NPO法人「太田道灌顕彰会」理事
認定NPO法人「江戸城天守を再建する会」会員
長尾景春の伝承地を歩く会会長
著書「道灌紀行」初版本（PHP Publishing）が、2010年日本自費出版文化賞地域文化部門の入選作品となり、ベストセラーとなった。
著書：『三訂版 道灌紀行──史跡と伝承地200か所探訪記』（ミヤオビパブリッシング 2018）

『太田道灌状』を読み解く

2023年9月12日　第1刷発行

著　者　尾崎　孝
発行者　宮下玄覇
発行所　MPミヤオビパブリッシング
〒160-0008
東京都新宿区四谷三栄町11-4
電話(03)3355-5555
発売元　株式会社宮帯出版社
〒602-8157
京都市上京区小山町908-27
電話(075)366-6600
http://www.miyaobi.com/publishing/
振替口座 00960-7-279886
印刷所　モリモト印刷株式会社

　ISBN978-4-8016-0301-1 C0021